感動するほど楽しい！

七厘の本

THE BOOK OF
SHICHIRIN

STUDIO TAC CREATIVE

はじめに

今、私が思うキャンプでの必須アイテムは七厘です。なぜなら、**周りを汚さずに調理ができ、使用する燃料も少量で済み、環境にもやさしい**からです。七厘は、キャンプ以外のシーンでも大活躍してくれます。たとえば、ドライブの途中に立ち寄った場所で美味しそうな魚を手に入れたとします。もし車に七厘を載せていたのなら、景色の良い場所を見つけて、すぐに焼いて楽しむこともできます。また遠出せずとも、家の庭や集合住宅のテラスなどで楽しむ方法もあるので、現在のコロナ禍にもぴったりです。

七厘は、昭和初期の頃までは大抵の家にあった携帯用焜炉で、普段の煮炊きに使われていました。しかし現代では、日常的に使用されているのは焼肉屋さんくらいでしょうか。そのようなお店で初めて七厘を体験した、という人も少なくないと思います。

使い勝手のよい七厘なのですが、アウトドアシーンではバーベキューグリルなどに押され気味です。しかし、魅力たっぷりで実力もあります。焚き火のような制限も受けず、カセットコンロや各種キャンプ用熱源のように味気ないこともなく、食材をより簡単に美味しく仕上げることができます。七厘は、とてもエコで素晴らしい、日本古来の伝統ある調理器具なのです。

東日本大震災から早10年、近年では各地で大災害が頻発しています。自ら災害ボランティアに参加した経験から、宿泊所を確保できないケースにおいても、テントと寝袋そして「七厘」があれば、どこでも生活が可能なこともわかりました。被災者の方と七厘を囲み、団らんした経験もあります。

被災地で炊き出しをした際には、温かい食べ物が食べられることに対して感謝の言葉を多く耳にしました。ライフラインが止まり商店から品物が減る中、温かい物を食べるためにカセットコンロやキャンプ用のバーナーを備えておくのも有効ですが、ガスボンべもそのうち無くなってしまいます。そのような時に七厘を備えておけば、たとえ炭の在庫が無くなっても、落ちている木片を燃料として調理することも可能です。七厘は災害時にも役立つ、一家に一台持っておきたい器具だと言えるでしょう。

昨今、料理レシピの情報量は溢れるほどあり、アウトドアの世界にも流れています。そのため料理レシピを見ることに、うんざりしている人もいるかと思います。七厘においても、各種の調理器具と組み合わせれば、無限の調理レシピが生まれます。でも安心してください、七厘の基本は網焼きです。多彩な料理を嗜むことより、**食材そのものの味を最大限に引き出して楽しむことが醍醐味です**。料理をしたことが全くない人であっても、敷居が低く入りやすい世界です。

従って本書では、七厘の選び方や使い方などはできるだけ効率的かつ簡単に説明しています。調理についても、一部を除いては可能な限りシンプルに解説しているつもりですので、肩ひじ張らずに手軽に気楽に楽しんでください!

それではいよいよ始まります。

焼いて楽しい七厘の世界へようこそ。

坂口一真

CONTENTS 目次

SECTION 3

CONTENTS 目次

まずは焼いて楽しもう!

SECTION 1

七厘の楽しさを知るには、とにかく食材を焼いてみるのが一番!
難しいことは考えずに、食べたい食材を食べたい場所で楽しみましょう。

とりあえずビールのつまみ

枝豆は焼いても旨い！

ソーセージは、串を刺すと焼きやすいし
食べやすいです。

**インドネシアの
海老煎餅「クルップ」**

輸入食材を扱っている店などに
あります。通常は油で揚げて食べ
ますが、網焼きでも大丈夫です。

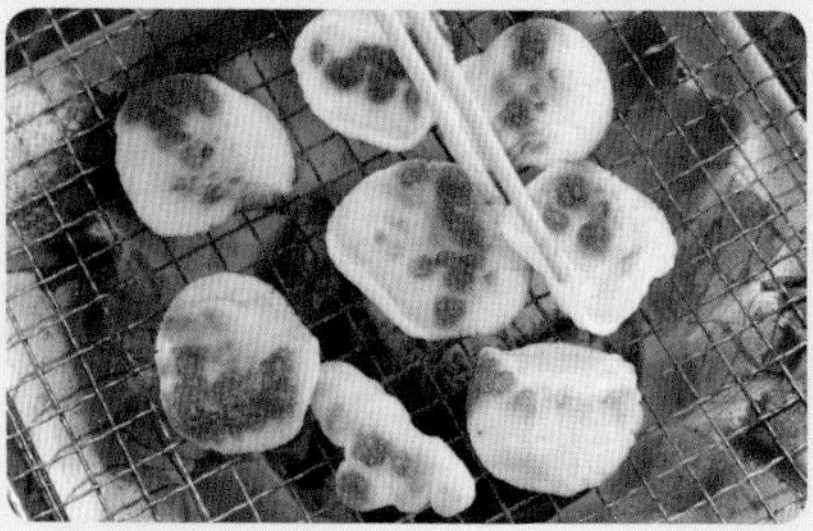

高温で瞬時に2～3倍にふくらむので、ふくらみ始め
たら焦げないように注意しましょう。味がついている
ので、焼けたらそのまま食べられます。ノンオイルなの
で、罪悪感の全くないおつまみのでき上がり！

（左）エビは串に刺して塩焼きが旨い！
（右）餃子も、焦げないように注意して焼いてみよう。パリッとヘルシーです。

罪悪感のない ポテチ

ジャガイモを洗ってから、網の上でスライサーを使いスライスして焼きます。数枚をスライスしたら、ジャガイモに水分があるうちに軽く塩を振ります。後は焦げないように注意しながら、煎餅を焼くようにひっくり返して適度な焼き目がつけば完成。これもフライドポテトチップスに比べたら、全く罪悪感なしですね。

定番の焼き鳥！

冷えたビールと炭火で焼いた焼き鳥。これだけでも幸せ！

何度ひっくり返してもよいので、強火で旨そうな焼き色をつけましょう。スーパーで生の焼鳥串を買えば、串に刺す手間もなく楽チンです。

手羽先や砂肝も、
炭火で焼けば本格的な
焼き鳥屋の味に！

テボを使って
豪快に焼き上げる、
宮崎風炭火焼き鳥！ → p.76

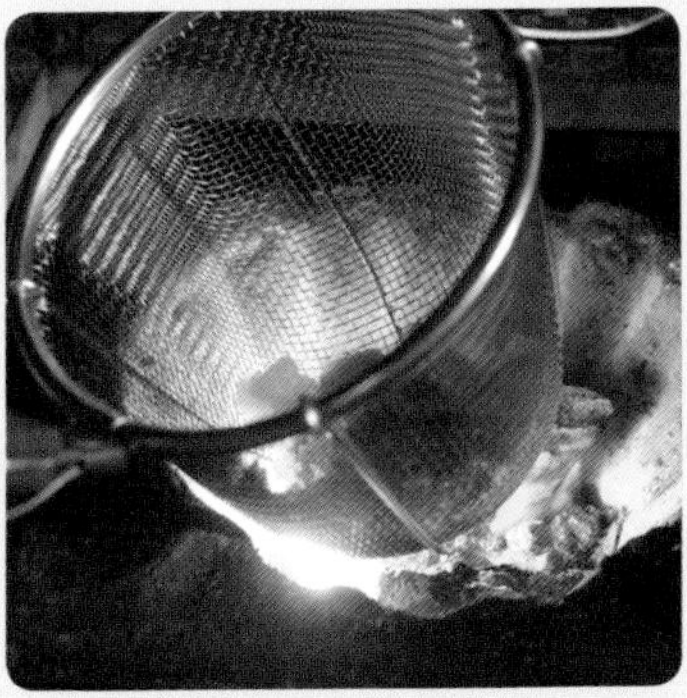

コリコリッとした食感が魅力の軟骨串。

鶏もも肉たっぷりのつくね串！ ひと口食べるとジューシーな旨みが溢れ出します。

炭火で焼く魚が旨い！

サバは半身を丸ごと豪快に。塩焼きにしてそのまま食べるのもよいが、パンに挟んで食べても旨い！（p.54）

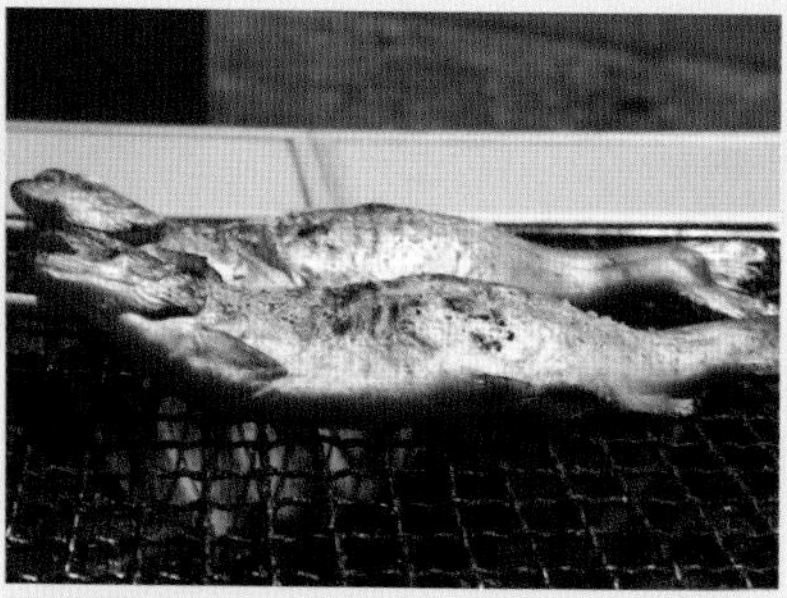

川魚は、踊り串が食欲を掻き立てます。

サザエはのせるだけでサザエのつぼ焼き！
（沸騰したら酒と醤油を少し垂らすと美味しい）

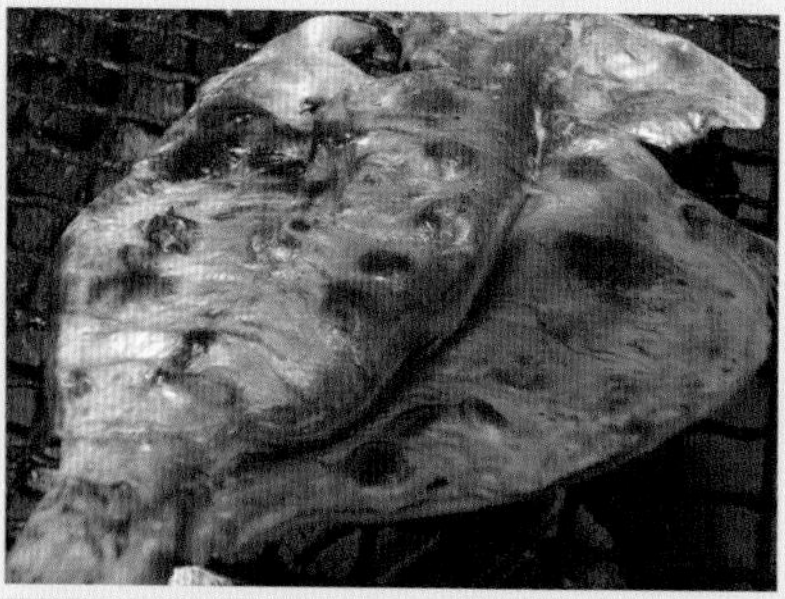

焼魚の女王様的存在、エボ鯛！ 新鮮なほど旨い。生が手に入ったら醤油をチョロリ、ご飯がほしくなります。

開き干しは味つけ不要なので楽ちんです。そのまま焼くだけで旨い、誰が焼いてもやっぱり旨い。

肉は王様、豪快さが楽しさをプラス！

牛肉やラム肉を、塊(ブロックまたは厚切り）で焼いてみましょう。適当に焼いても柔らかくて旨いですよ。塩胡椒して強火で表面を焼いたら、弱火でじっくりと。

腸詰めしない
簡易ソーセージ

豚の挽肉に塩、砂糖、スパイス、ハーブなどを加えて作ります。

七厘焼きのスタート時は、調理が不要で早く焼ける食材がおすすめ。なぜなら、「プシュー」という脳にも喉にも心地よい音を、早く響かせたいからです。

野菜も簡単&ハッピー!

野菜は丸ごと焼く方が断然旨い!
ピーマン嫌いの子供が、丸ごと焼いたら食べられました。

朝どれの
トウモロコシ

(上)トウモロコシは2～3枚残した皮ごと焼きましょう。
(右・下)皮を刷毛に使って、醤油を塗る楽しみをプラス。

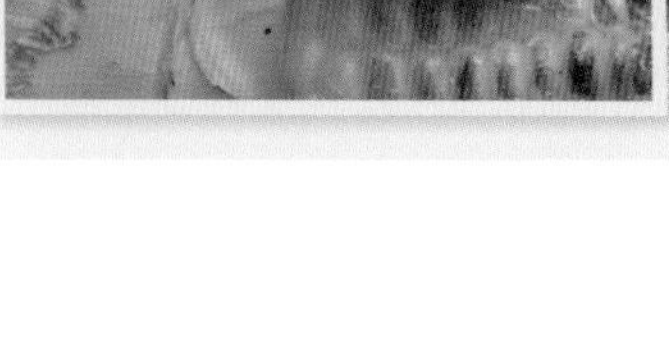

ネギやアスパラなど塩がつきにくい食材は、オリーブオイル(酒や水でもOK)をスプレーしてから塩を振るとつきやすくなります。

ひと口で食べるとゴーヤーチャンプルーの味!?

→ p.58

玉ねぎも大胆に
丸焼きが旨い!

丸ごと包み焼き後、バター醤油で食べる。なかなか焼けなければ、炭火に投下してもよいです。

シイタケも美味しい。塩を振って、キラキラのダイヤモンド焼きを。

→ p.84

景色は自然に溶け込む調味料

美しい自然の中で食べれば旨みが倍増！

河川敷や公園など、近所で七厘を使えるところを探してみましょう。

川を眺めながら
のんびりと

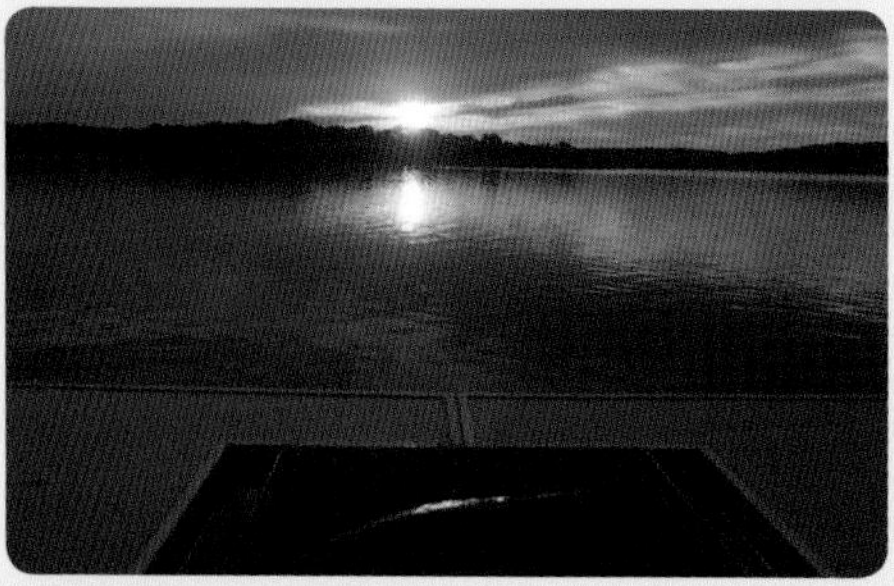

姫秋刀魚に、夕日が反射しました。

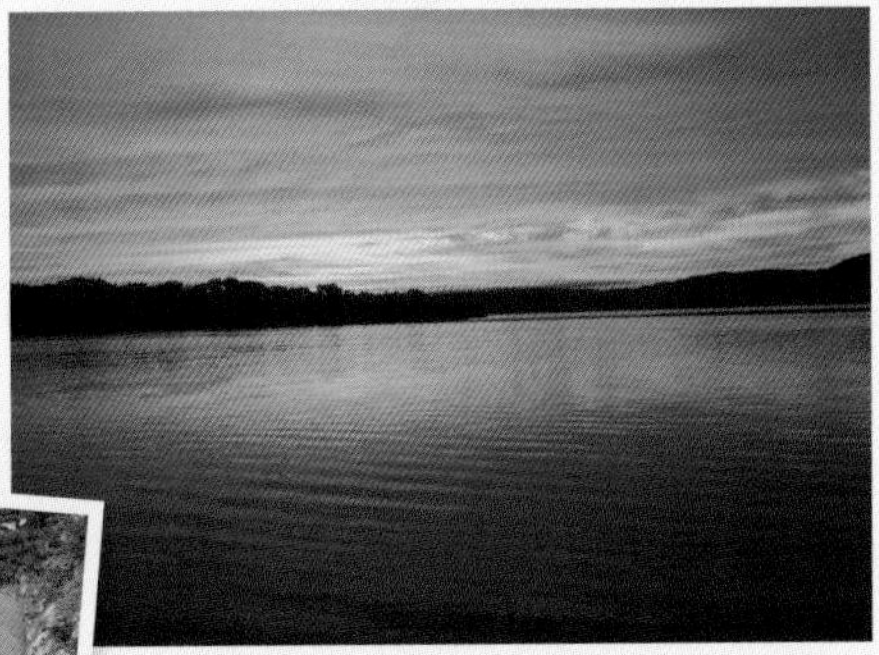

（左）軽い金属製の七厘を持って、飛行機や船で移動してキレイな海岸で楽しみます。
（上）姫秋刀魚の反射は、空と湖を真っ赤に染めていく美しいショーの始まりの合図でした。

かわいいゲストが来てくれるかも！

カクテルグラスを用意して、いつもより優雅に。

自然の中で七厘を楽しんでいると、美味しそうな匂いにつられて鳥や猫がやって来ることもあります。

季節は天然のスパイス

春
SPRING

暖かくなってきたので、外が心地よいです。

桜の下も七厘なら邪魔をしません。

筍の季節、テラスでは
姫竹が楽しめます。

夏
SUMMER

アワビも旬ですね。

夏野菜のオクラを丸く並べて
"オクラホマミキサー"♪

海のそばで生ビールを飲みながら、
にぎやかなひとときを。

秋
AUTUMN

秋刀魚は七厘焼きに限りますね。

秋といえば松茸！買った時の箱も
一緒に撮影して強調してみます。

栗は焼いても楽しい。
※爆ぜやすいので、ナイフで切り込みを入れてから焼きましょう

冬
WINTER

寒い日は、鍋をのせて温まるのもよいですね。きのこ鍋は種類が多いほど、旨みが増します。

牡蠣も殻ごと焼いてみましょう。

七厘の熱と楽しい会話が、
体を温めてくれます。

COLUMN

炭火の旨さを知る

高温になった炭（炭素）からは多くの遠赤外線が放射され、食材の表面が早く熱せられます。七厘で焼くと、ガスコンロやグリルで焼くよりも食材の表面がパリッと仕上がるのは、遠赤外線の効果が表れているからでしょう。いわゆる“遠火の強火”が、食材の旨みを引き立たせてくれます（ガスを燃焼させると二酸化炭素と一緒に水蒸気が放出されるので、カラッとなりにくい）。また、油やタレが炭に落ちると煙が上がり食材につきます。この時につく香も、旨さにプラスされます（燻煙の効果）。さらには、高温の炭火で加熱することにより、茶色く色づく「メイラード反応」によって、見た目も美味しそうに感じられ、風味も増します。しかし何よりも、**自分で焼いてすぐに食べられることが、一番の美味しさの秘訣でしょう。**

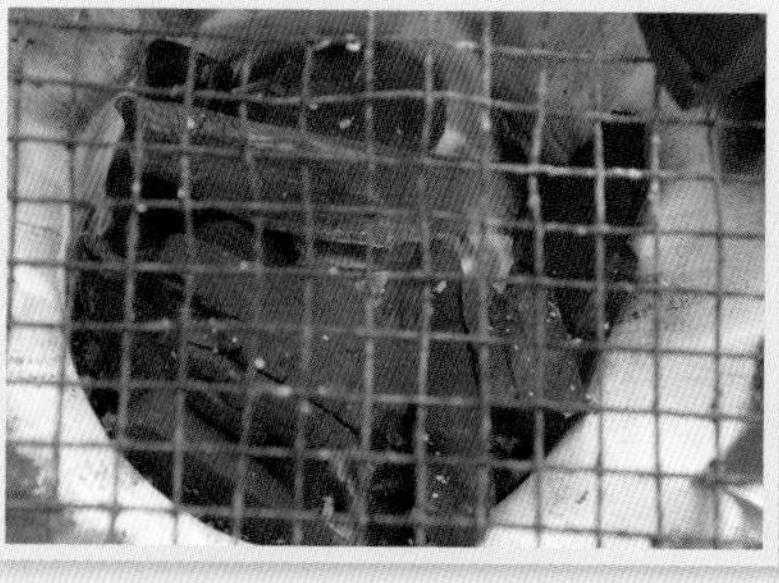

七厘を知る

SECTION 2

自宅や近所の火を使える場所、もちろんキャンプ場でも。食材を手軽に焼ける七厘は、さまざまな場所で楽しめます。ここでは、知っておくと役立つことをまとめました。

七厘の〝ココ〟がすごい

七厘は手軽に楽しめる上にとてもエコ。そしてさまざまな食材を美味しく調理できる、優れた調理器具です。

何がそんなにすごいのか？　まずはその、よさを知ってもらいたいと思います。

でも本当は活字を読むよりも、とにかく使ってみて、楽しんでもらいたいというのが本音です。一度七厘の楽しみ方が身についてしまえば、あなたは七厘の虜になってしまうかもしれません。「食事」の概念すら変わるかもしれません。

そして使い続けるうちに、どんどんと愛着が沸いてきます。次第にあなたの大切な相棒となって、もう手放すことができなくなってしまうことでしょう。

絶対的にここが優れている！

1 燃費がよい

火力が強くて火持ちがよく、さらに熱効率もよい。それが七厘の優れたところであり、七厘特有の楽しみ方を可能にしています。「火力が強い」のは、熾きた（赤くなった）炭の熱が、七厘の中で開放された上方にのみ強く放出され（煙突効果）、食材に効率よくダイレクトに伝わるからでしょう。「火持ちがよい」理由は、七厘本体にすっぽりと覆われた位置で炭が燃焼されるので、酸素が多量に供給されることがないのです。火力調整を通気口の開閉によって行うことにより、最小限の酸素供給で過剰な燃焼を防ぐ結果となります。さらに「熱効率」の点では、七厘本体が断熱効果に優れた素材であるため、側方に熱が奪われることが少なく、ほぼ上方にのみ効率よく伝わるという効果があります。

七厘の素材には、基本的に珪藻土が使われています。珪藻土は細かな気泡を多く含んでおり、その気泡によって保温性能が向上し、七厘の断熱効果に大きく寄与しています。珪藻土を使った七厘には、練り物タイプと掘ったままを削って成形した切り出し七厘があります。切り出し七厘で断熱効果を確認してみると、炭が燃えている状態でも外側を手で触れられるほどです（危険な場合もあるので、焚き火用の皮手袋などを着用してから確認してみましょう）。

気になる燃焼時間はどの程度でしょうか？炭の種類にもよりますが、ホームセンターなどで手頃な価格で買えるものでも、かなりの時間もちます。私が、2～3人で七厘を囲んで飲食をする際には、1回火をつけたら最低でも3～4時間は焼き続けます。そのような使い方を数回したとしても、小さな箱に入った3kg程度の炭はなくなりません。十分たっぷりと楽しめますよね。

切り出し七厘

珪藻土の塊を切り出して削り、そのまま焼き上げて造る七厘。練り物タイプよりも断熱性に優れ、ひび割れしにくいという利点もあります。

練り物タイプ

粉砕した珪藻土を粘土状にし、成形して焼き上げます。一般に多く流通しているのはこちらで、比較的低価格で手に入れることができます。

2 ゆったり食事できる

七厘はバーベキューグリルのように「一度に多くの食材を焼く」というよりも、「ひとつひとつの食材を順番にゆっくりと焼いて楽しむ」スタイルに向いています。レストランで言うところのビュッフェスタイルがバーベキューグリルだとすると、コース料理ではなくアラカルトで1品ずつ楽しむのが、七厘のスタイルと言えるかもしれません。少ない炭で長時間楽しめるので、お酒を飲みながら少人数で**のんびりと、マイペースに楽しむのが心地よいのです**（前項の「七厘特有の楽しみ方」がこれです）。

また、人との距離を空けることが求められる、ここ最近の社会状況においては、ひとつの七厘を囲む小さな単位をいくつか集合させることで、多人数でもディスタンスを保てる、安全な楽しみ方が可能かと思います。

実はこの点がすごい！

3 コンパクト

七厘は、ずばり「小さい」ことも大きな魅力です。何と言っても持ち運びが楽で、車に載せた時などにも場所を取りません。家で保管するにも邪魔になりません。段ボール箱などに入れて収納しておけば、家で保管するにも邪魔になりません。また取っ手がついているため、火がついたまま、ちょっとした移動も容易に行うことができます。

4 風に強い

開放面が少ないため風の影響を受けにくいという点も、七厘が優れているところです。ただし風が強いと食材の熱が奪われて焼けにくくなるので、風上側に風よけ（箱など）を置くとよいでしょう。風が強すぎる場合の移動も、取っ手をつかめば大変スムーズです。

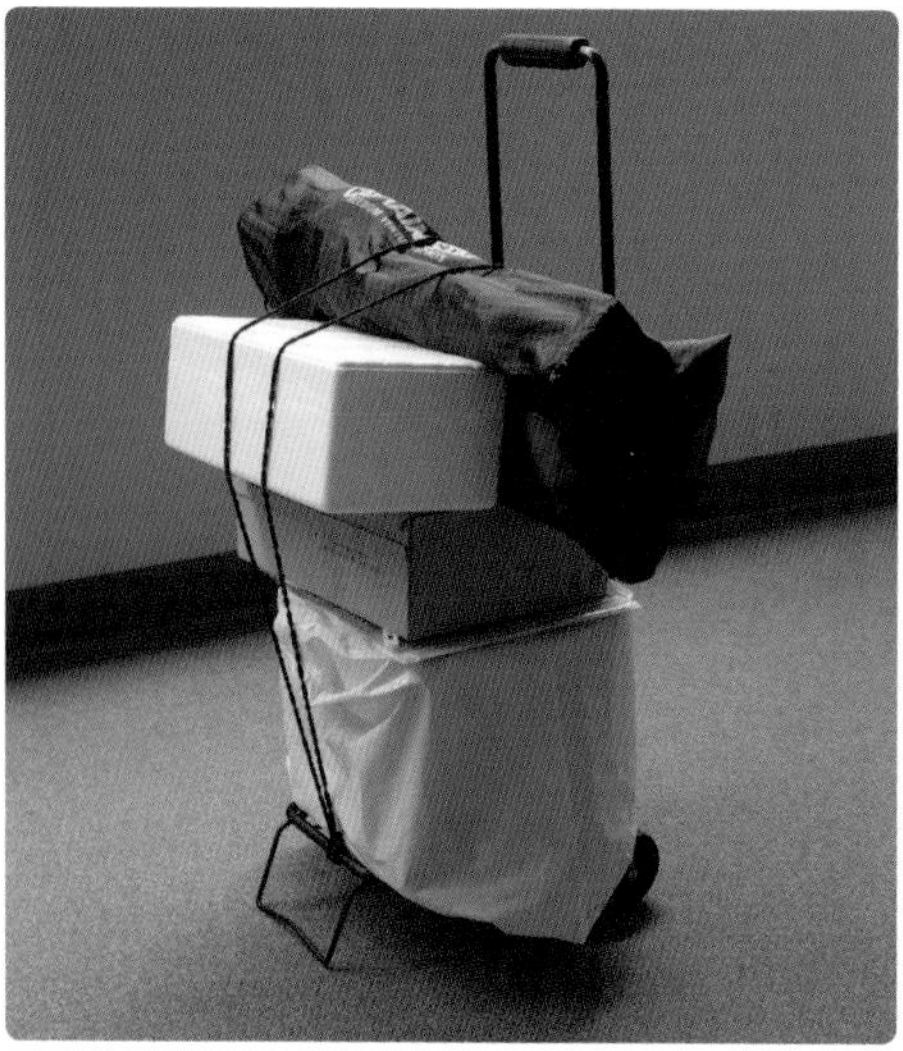

キャリーにまとめれば、近所での七厘焼きも容易に楽しめます。

炭の補給は1個単位で調整できるので、炭の無駄が少なく済みエコですね。

5 火起こしも片付けも楽

七厘は、その高い断熱効果と煙突効果により、比較的簡単に、火をつけることができます（火のつけ方はp.38参照）。また、通気口を閉じるだけで灰を閉じ込められるので、そのまま捨て場に持って行ったり、捨て場が無い場合は家に持ち帰るのも楽です。残っている食材の量に合わせて炭の補給を細かく調整できるので、炭の無駄も少なくなります。そして、すべて灰になってから片付けをすればよいのですが、最後の食材まで高火力で焼きたい場合や、灰になるまで待てないようであれば、使い終えた後に火消し壺（または缶）に入れて消火しましょう。一度火をつけて消火した「消し炭」は着火しやすいので、保管しておくと次回火起こしをするときに便利です。

火消し壺は重いので、密閉性の高い空き缶（p.30参照）がおすすめです。

必要なもの

七厘を楽しむのに高価な道具は必要ありません。ここでは、七厘を楽しむために用意したい道具を紹介します。

最低限必要なもの

七 厘

p.32〜34を参考に、自分の楽しみ方に合った七厘を選びましょう。

焼き網

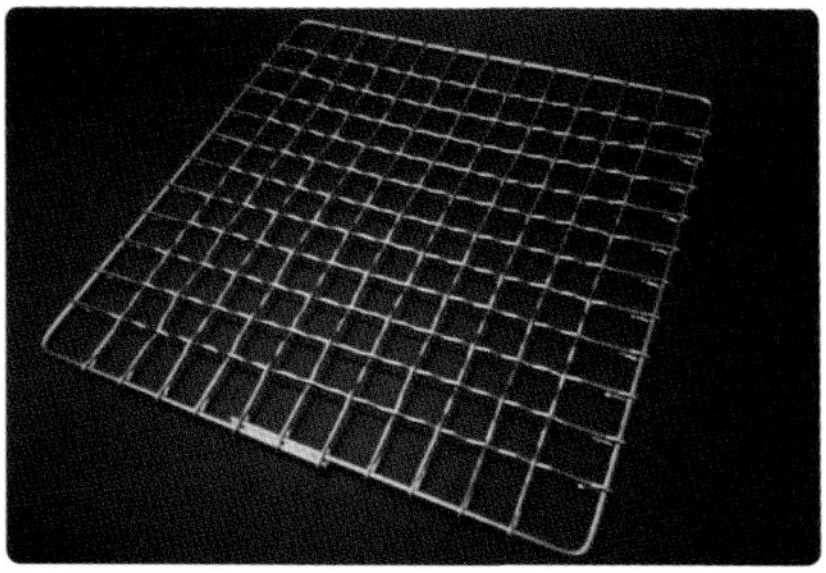

網を手で持って動かせるように、七厘の開放面よりも少し大きめの網がおすすめです。

炭

p.35〜37を参考に、使い方に合った炭を用意しましょう。

火つけ材

新聞紙、使い古しの割り箸と、マッチまたはライター。

発泡スチロールボックス・保冷剤

飲み物や食材を入れておくのに必要。クーラーボックスより軽くて便利です。

うちわ

火起こしや火加減の調整などに使用します。

塩・胡椒・醤油

これだけでも、さまざまな食材を楽しめます。

食材（焼きたいもの）

各自で持ち寄った食材を、自由に焼くスタイルもおすすめです。

楽しむ気持ち

実はこれがもっとも重要です!

食器類

プラスチック皿、箸、コップ（二重保温がよい）などを用意しましょう。

あると便利なもの

炭バサミ(トング)

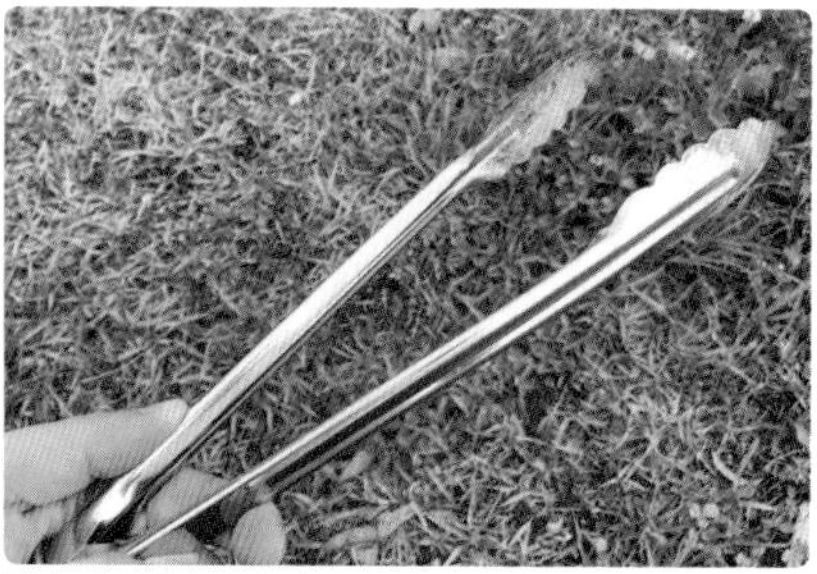

炭専用のものでなくても、トングでも充分です。

竹　串

食材を刺して使います。使い終えたら着火剤にすればエコですね。長い串の方が焼きやすいです。

イ　ス

テーブルの高さに合ったイスがおすすめ。七厘を直起きする場合は、ロータイプやシートでもOK。

テーブル

七厘を置けるように、一段低くなるタイプが便利です(長方形タイプもあります)。

密閉性のある空き缶(または火消し壺)

固形燃料などの密閉度が高い缶はコンパクトで、火消し壺の代用として使えます。

ランタン(LED照明など)

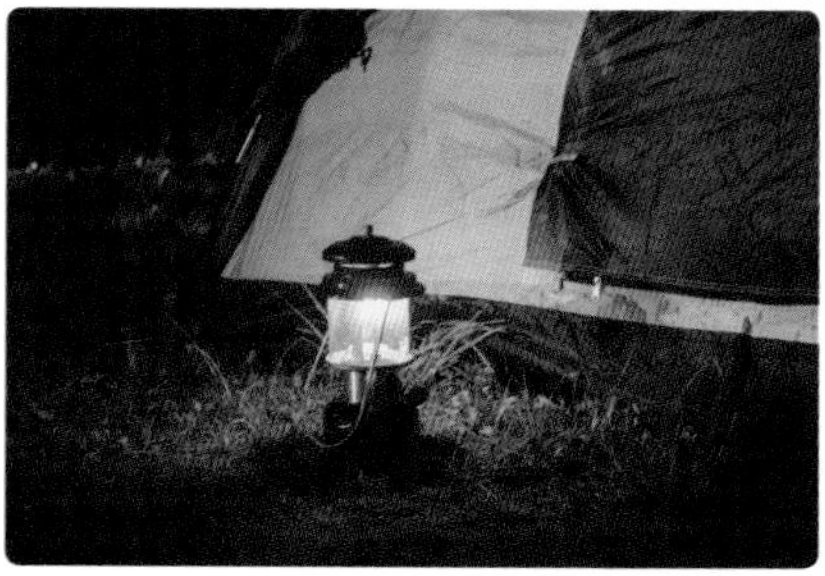

夜の方が楽しいので用意したいですね。お好きなタイプを!

あればなおよいもの

液体スプレー①

醤油（火香をプラス、重宝します）、酒（食材に潤いと旨みをプラス）。

飲み物

ゆったり長時間楽しむためには、お酒はマストですね（飲めない人にも配慮を）！

オイルスプレー

食用油（揚げる代わりに衣などに吹きかける）、オリーブオイル（野菜などに吹きかける。塩もつきやすくなります）。

液体スプレー②

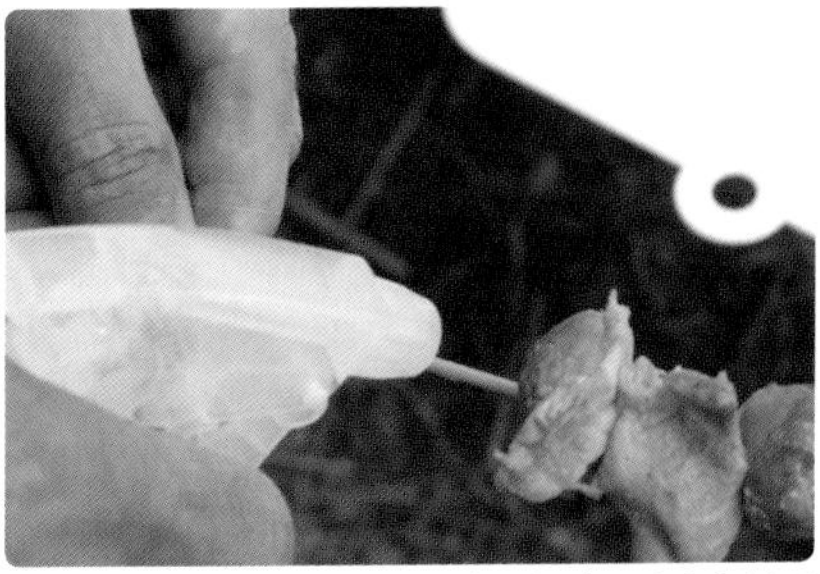

水（乾いた食材に潤いを、竹串の根本に吹きかけておけば燃焼防止になります）。

その他調味料

バターや豆板醤など、お好みで。

スパイス

バーベキュー用や七味など、お好みで味を変えて楽しめますね。

※その他、特定の食材や料理に使用する道具・材料などは、それぞれの項目内で紹介しています。

七厘の選び方

頻度がまれ

1年に数回程度しか使わない人は、手頃な七厘がよいでしょう。

練り物丸型（長方形）七厘

ホームセンターなどで容易に手に入る、外国製の練り物七厘。丸型は千円台で販売されているものもあります（長方形型は二千円台～）。耐久性が低く壊れやすいですが、頻繁に使わない人はこれで充分だと思います。

家族で

子どもと一緒にキャンプで楽しむ人は、強度が高い七厘がよいでしょう。

黒七厘・鉄板巻七厘

三河の黒七厘は二重構造になっており強度が高く、耐久性に優れています。業務用としても多く使用されていました。製造元は残念ながら廃業しましたが、後に後継人が三河内の別の窯業所で生産を継続しています。出荷量が少ないので、希少です。手に入らなければ、鉄板で外周を補強してある七厘がおすすめです。

黒七厘

鉄板巻七厘（横36cm、3～4名用）

※七厘の種類はメーカー毎や、サイズも含めると膨大な種類があります。ここでは、使う時のシチュエーションや人数などからおすすめを紹介します。その後に、好きなメーカーやサイズをしぼり込んでいくとよいでしょう。

ヘビーユーザー

頻繁に使う人や、道具に愛着やこだわりを持つ人は、長く使える七厘がよいでしょう。

各種切り出し七厘

耐久性のある、切り出し七厘がおすすめです。4人以下なら正角または丸型、4人以上で使うことが多いなら長角または広口径丸型が適しています。こだわり派の人は魚立て穴付、焼き鳥ガード付、遠火専用深七厘など多数あります。網の高さ調整アタッチメントなどもあります。

4人以上 or “ながら”派

同時に大量に焼く必要があるグループや、普段から〝ながら行動〟が多い人は、大きめの七厘がよいでしょう。

長方形七厘

4人以上での利用が多い人は、練り物の長方形七厘（二千円台〜）か、切り出し長角七厘がおすすめです。〝ながら行動〟が多い人も同様に長方形がよく、左右の炭の量を変えて強火と弱火のゾーン分けができるので、「右に魚・左に熱燗」などと同時進行が可能です。大人数では長方形をメインに使い、丸型をサブにしてもよいでしょう。どうしても秋刀魚を丸ごと焼きたい人も、すっぽり入る長方形七厘がよいでしょう。

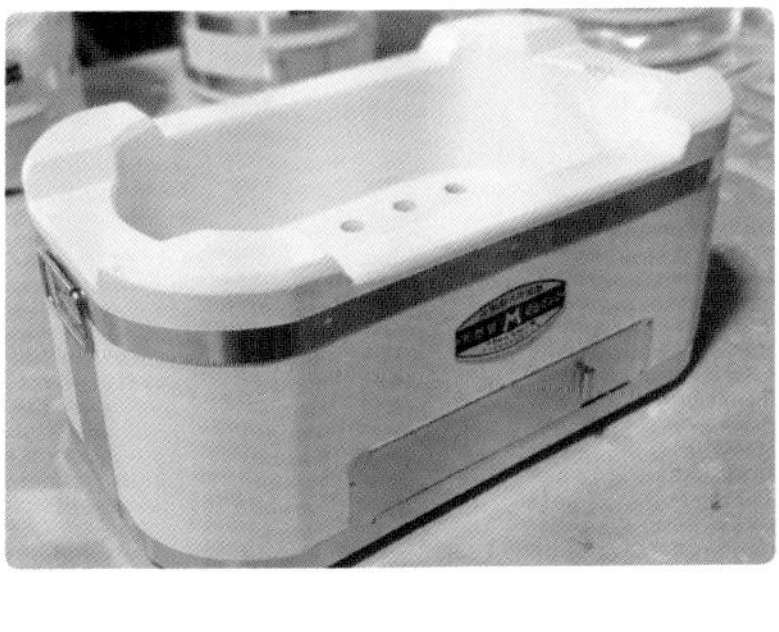

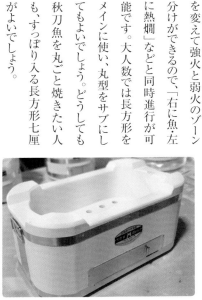

テラスやベランダで

テラスやベランダで楽しみたい人は、小さいサイズの七厘がよいでしょう。

ミニ七厘

卓上で使用することを想定された、小さなサイズの七厘。家庭で手軽に七厘を楽しみたい人や、ソロで楽しみたい人にも適していま す。角型も丸型もあるのでお好みで。同じサイズ感の「民芸コンロ」でも充分に楽しめます。注意点として、七厘自体が熱くなるので、必ず板などの台の上で使いましょう。

旅先で

電車や飛行機で移動する場合や、旅先に持っていく時に便利です。

金属製丸型七厘

金属製の丸型七厘。特徴は、「軽くてとても丈夫」であること。機内の荷物入れにも入るので、「もしかしたら使うかも」という場合にも便利です。炭の燃費がよくないことが難点ですが、バーベキューグリルと比較したら、二層構造（本体の中に炭を置く容器が入っている）で覆われている分だけ省エネですね。

炭の選び方

※細かく分類すると2、30種類程度はあります。炭は見た目や種類、値段だけではなく、使う人の性格やスタイルを優先して選ぶことの方が重要です。

ゆったりタイプ

長い時間火を育てていたい人や、のんびりゆったり楽しみたい人。少人数やソロで楽しむ人は、混在タイプがよいでしょう。

バラエティパック

ホームセンターなどで、6〜7kg程度の大箱で売られている黒炭。種類やサイズが混在しており、私は「バラエティパック」と呼んでいます。必ず中身を見せて販売しているお店で、確認して買いましょう。炭の使い分けや組み合わせ、時には石の角にぶつけて砕くなどのサイズ調整も必要になるので、それを楽しめる人に向いています。このタイプは、焚き火が好きな人には不向きです。なぜなら、それに構う暇がなくなるからです。

インドネシア産（黒炭、木種不明）

せっかちタイプ

せっかちな性格の人や、アクティブに活動する人、多少の劣化は気にせずに半額の商品を選択する人も含みます。

コスパのよい炭

ホームセンターなどで一番安く購入できる炭。箱の横には大抵、「マングローブ」と記載されています。百円ショップでも、500g入りが買えます。見た目は平べったい形状が特徴で、火のつきがよく火持ちはあまりよくないですが、短時間楽しむには充分です。特有な香りが気になる人は、選択しない方がよいでしょう。

マレーシア産（黒炭、マングローブ）

わいわいタイプ

４人以上でにぎやかに、バンバン焼いて楽しむグループなどは、長持ちで安定する炭がよいでしょう。

成形炭

おがくずを圧縮加熱成形した「オガ炭」に代表される、焼肉屋などでよく使用されている炭です。国内外においてオガ炭以外にもさまざまな種類があり、粘結剤（粘着剤）や着火剤を含み多少匂いが出るものもあります。「備長炭」と併記されている商品は、製造方法や性質が同様であるという意味で使われています。

国内産（オガ炭）

ブランドタイプ

ブランド品や、よりよいものを選びたい人におすすめです。

黒炭（ナラやクヌギなど）

黒炭は、竹やマングローブなど多種ありますが、ナラやクヌギが使われ、産地が記載された炭がよいでしょう。たとえば「岩手の切炭」などです。ホームセンターなどでも販売されていますが、近年では国産のものはずいぶんと価格が上昇してしまいました。香りがよく、火の持ちもよい炭です。

岩手切炭（黒炭、ナラ）

こだわりタイプ

職人気質で、何でもとことん追求するタイプの人向きの炭です。

白炭（カシ、一部にナラなど）

備長炭を代表とする炭の種類で、黒炭とは製造方法が異なります。火持ちがよく火力も強くて安定する炭ですが、国内産は年々希少価値が高まっています。

備長炭は「カシ全般」を指し、その中でもウバメガシは「炭の最高峰」です。火つきが悪く長さもあるので、一般的な七厘で使うよりも、焼き鳥屋やうなぎ専門店などの業務用として使いやすいタイプです。従って七厘では、短い炭や割れなどのある半端ものが比較的に使いやすいでしょう。また、とても爆ぜやすいので予熱は必須です。

火起こし段階で炭火が安定するまでの時間を利用して、左下のように予熱しておくとよいでしょう。もしも食事を待てないような状況なら、食材の脇で温めましょう（湿気ている炭も同様に）。

土佐備長炭（白炭、ウバメガシ）

予備加熱中の備長炭

火のつけ方

坂口式、かんたん一発点火方法を紹介します。着火剤やガスバーナーを使わずに、慣れれば誰でも3分ほどで着火可能です。

［ 必要な道具 ］

- 新聞紙 半分
- 使い古しの割り箸4～5膳（慣れれば3～4膳）
- 細かな炭と普通サイズの炭（湿った炭や備長炭は不可）
- ライターまたはマッチ
- うちわ
- 網

1 火を使用しても問題ない安全な場所に、七厘を置きます。

2 新聞紙の端を幅2～3cm、長さ10cm程度に切り、大きい方は捻るように丸く、ドーナッツ状に成型します。

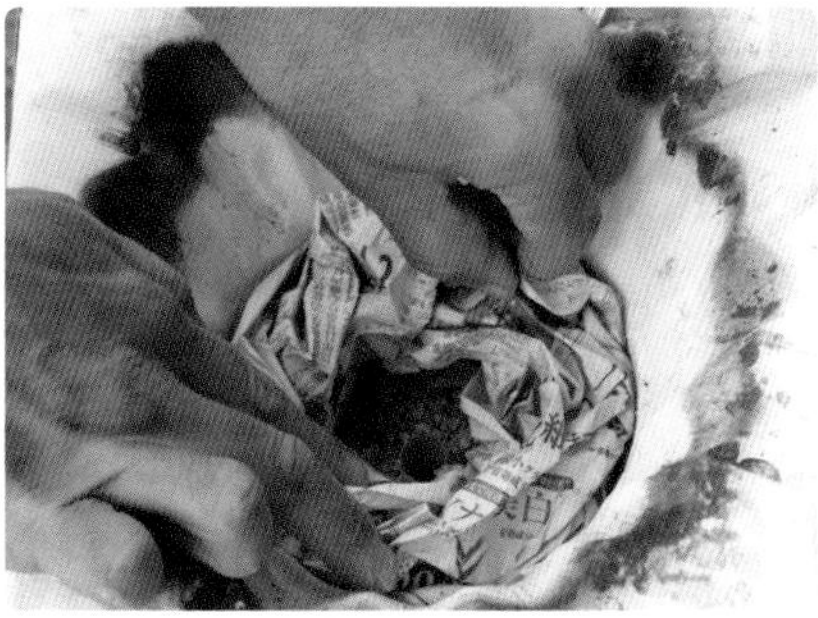

3 きつく丸めず、ふんわりとさせるのがポイントです。その輪を、七厘の目皿の上にのせます。

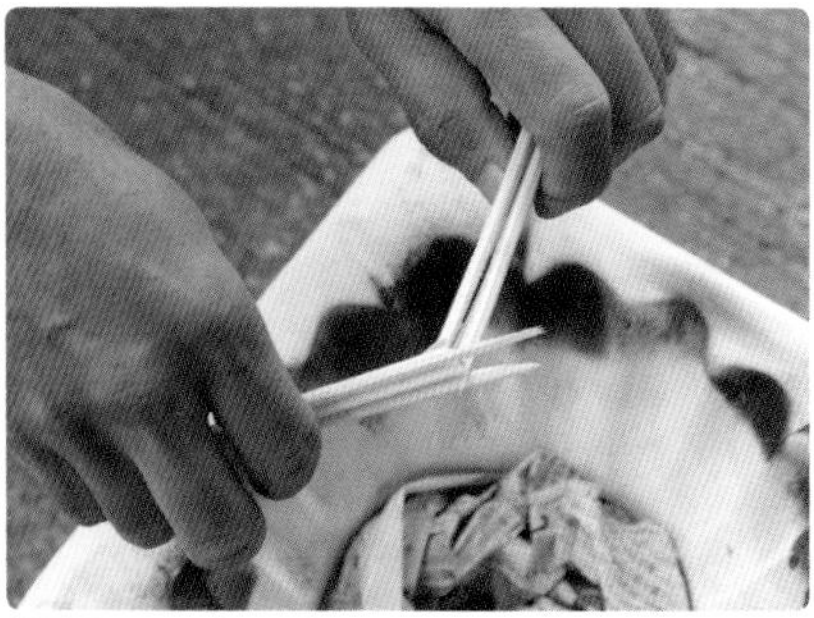

4 使い古しの割り箸を、真ん中あたりで折ります。

※新聞紙や使い古しの割り箸の代わりに、牛乳パックを着火剤として使用する方法もあります。牛乳パックは燃焼がよいのですが、良いパルプが使用されているのでリサイクルに回したいところです。

5 割った割り箸を、新聞紙の上に円周状にのせます。

6 細かい炭(なければ大きな炭を砕く)を、割り箸の上にのせます。

7 最後に、普通の炭を4~5個のせます(中央の空間はふさがないように)。

8 通気口を全開にして、風上に向けます。

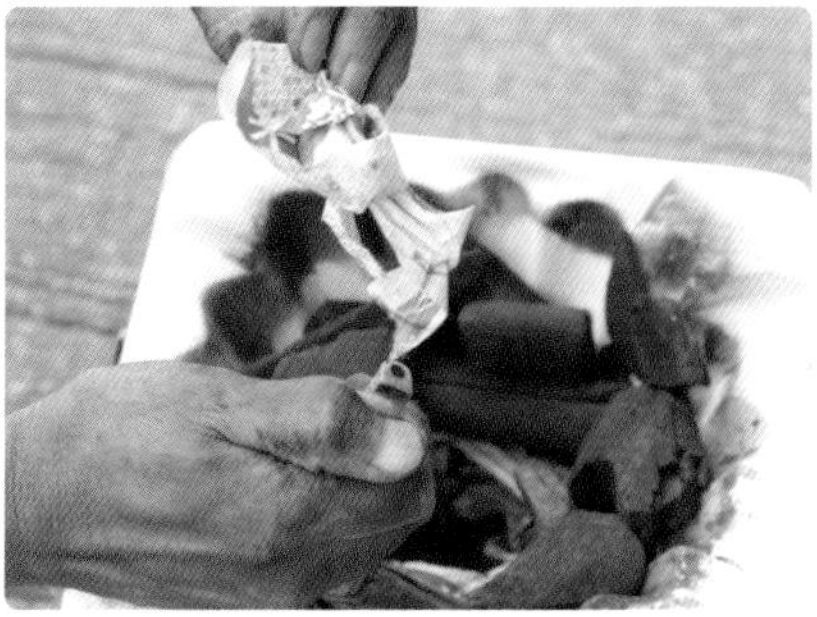

9 ②で切り取った新聞紙に火をつけます。

10 火がついたらすぐに、中央の空洞部に落とし入れます。風が無い場合、通気口からうちわで風を送り続けます。

11 火が新聞紙全体に広がっていきます。

12 次に、火は新聞紙から割り箸に移っていきます。

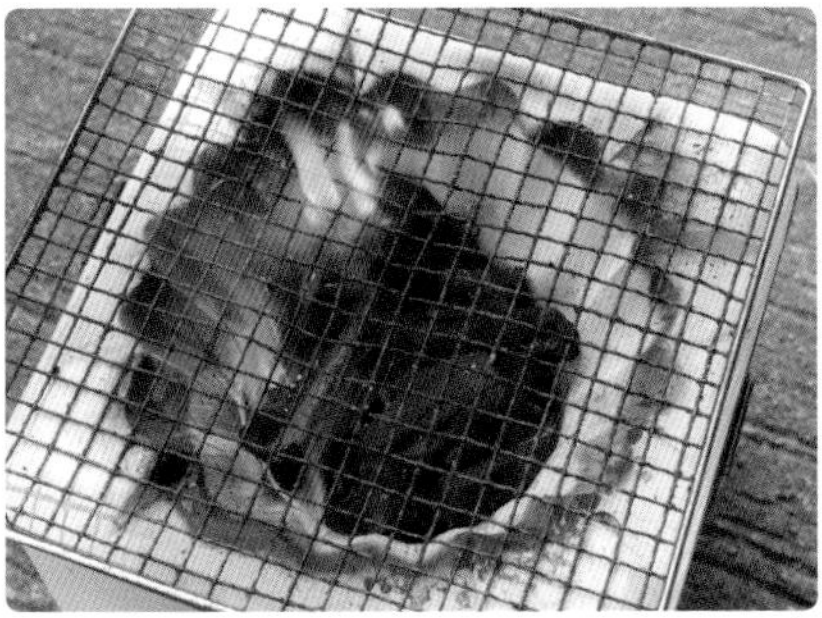

13 炎が上がってきたら、前回使用した汚れた網をのせて、炎で汚れを焼き切ります（新品の網を使用する場合は必要ありません）。

14 火が弱まらないように、うちわであおぎ続けます。

15 炭に火がついたら、パワーを持続させるため炭同士を近づけます。

火力の目安

生の焼鳥を網にのせて「ジュッ」と音が出る程度が【強火】、生の焼鳥を網にのせても「ジュッ」という音は出ず、少しずつ焼き色がついてくる程度が【中火】、生の焼鳥を網にのせると熱くなるが、すぐには焼き色がつかない程度が【弱火】です。

火加減を確かめる

炭に火がついてから15～20分程度で、炭が灰で白くなってきて、よい状態となります。でも、そこまで食材を焼くのを待たなくても大丈夫です。七厘の上に手をかざして、熱さを感じられれば食材を焼ける状態です。火力の調整は、炭の量と通気口の開け閉めによって行いましょう。**七厘は炎で焼くのではなく、熱で焼くのが基本です**。また七厘の構造上、中央が熱くなりやすいです。それを念頭に置き、食材が均一に焼けるように食材を移動させて、炭の力を最大限に活かして楽しみましょう。

火力の調整

火を弱める

火力を弱めたい時は、通気口を閉じましょう。さらに弱めたい場合は、炭バサミで炭同士を離しましょう。

火を強める

火力を上げたい時は通気口を全開にし、うちわであおぎましょう。必要により足し炭を!

火力の確かめ方は説明が難しく、季節や人による感度の違いも影響します。あえて説明するなら、網の上に手をかざし「熱い」と手を引っ込めたくなる程度が強火、熱いけどそのままかざしておける程度なら中火、「温かい」程度が弱火です（右ページも参照）。食材の焼け具合を確認し、手の熱さと炭火の状態を覚えて通気口の開閉をマスターすることを楽しみましょう。

火力をキープする

炭火の状態は刻々と変化していくので、「焼け加減」「網上の熱さ」を確認しながら開閉調整をします。

七厘を使う時の**注意事項**

一酸化炭素中毒

絶対に、閉め切った室内で七厘を使わないようにしましょう。雨天時などに、家の倉庫や車庫などで使用する場合でも、反対方向2か所の窓を開けるなどして、風の通り道を確保しましょう。また、使い終えた七厘を炭が残った状態で、室内やテント内に入れないようにしましょう。不完全燃焼時の方が、有害な一酸化炭素が多く発生しています。

食中毒に注意

食中毒を防ぐために、衛生面と食材の管理に気を遣いましょう。生の食材は、保冷材の入った発砲スチロールのボックスなどに入れて保存し、生肉と野菜などをナイフで切る場合は、生肉を後にするか、食材を切るたびに洗いましょう。再使用する網は汚れが目立たなくても、一度から焼き（p.40⑬参照）して、雑菌をなくしておきましょう。また肉などを焼く場合は、焼けるまでは専用の箸やトングでつかみましょう。

ホタテなどの二枚貝を焼く時、身が上側の貝にくっつきます。それをひっくり返す際に汁が七厘の中に流れてしまいます。多量に流してしまうと、目皿の部分の劣化が進行してしまうので、一旦皿などに空けてから再び焼き続けましょう。

水に濡らさない

七厘は水に弱いので、水をかけることはもってのほかで、水滴もできるだけ避けましょう。急な天候の変化にも対応できるように、タープや傘を用意したり、七厘を避難させられる屋根のある場所などの事前チェックも重要です。また夜間に外に出しっぱなしにしていると、夜露でぬれてしまうこともあります。屋外では夜間はテーブルの下に置いたり、完全に炭がなくなって冷えているのを確認してから、車の中などに入れると安心です。

醤油やお酒などを食材にスプレーで吹きかけ焼く方法もありますが、吹きかける時は網ごと七厘から外しましょう。また炭を水に浸し、水蒸気の力で食材を焼くことで、より美味しく仕上げる方法も知られています。この場合、水に浸した炭を先に入れた炭の上に置き、直接七厘の肌に触れさせないように注意が必要です。

焼肉屋で炎が出た時の対処方法として、氷を用意されることがあります。便利な方法ですが、水分が七厘内に落ちるため、この方法も避けましょう。炎が出た時は、通気口を閉じて網ごと上に持ち上げて火から遠ざけます。あまりにも炎が大きければ網を持ったまま、七厘の外側に外します。このような咄嗟の対処を素手でできるように、網は七厘よりもひと回り大きめのサイズがおすすめです。

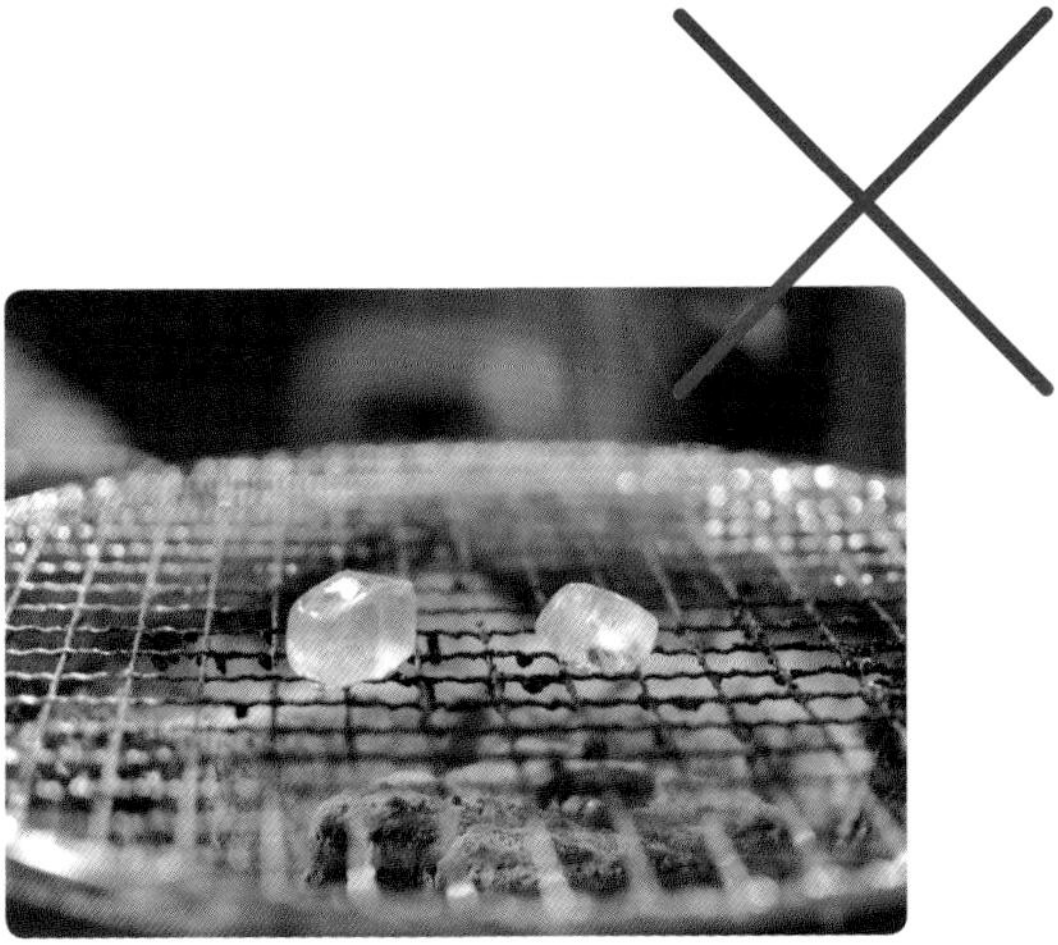

メンテナンス

七厘の汚れは、ある意味「風格」です。長く使っていくうちに、それが表れ上がっていきます。ここでは最低限のメンテナンス方法を紹介します。

汚れ

七厘の優れている点のひとつに、「ほぼメンテナンスがいらない」ということがあります。汚れが気になる場合は、乾いた布やペーパータオルで軽くふき取る程度でよいでしょう。使い終えた網は、焼き付いた大きな食材だけを取り除き、そのままビニール袋などに入れて保管することをおすすめします。洗わなくても、油分を含んだままなのでサビが発生しません。次回の使用時には、p.40⑬で解説しているように、汚れを焼き取ってから使いましょう。洗って保管する場合は、食用油を塗って保管するとよいでしょう。百円ショップで購入し使い捨てにすることもできますが、**どちらの方が環境に優しいでしょうか。**

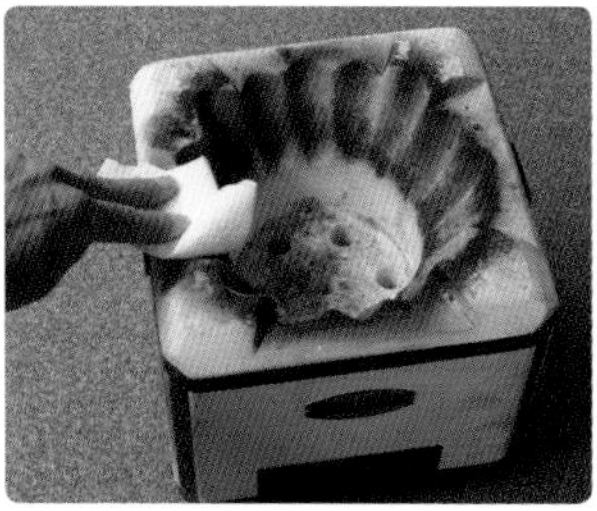

保管

家で保管する時は、段ボール箱に入れて湿気の少ない場所に置いておきます。新聞紙を丸めて、箱の中の隙間に入れておけば、そのまま車に乗せて移動することも可能です。キャリーカートなどで移動する場合は左下の写真のように、七厘にぴったりと張りつくように段ボールを折って巻くと安心です（できれば二重に巻く）。

※使用している補修材はセメダイン「耐火パテ」です。パテにはアルカリ樹脂が含有し、300℃以上で消失します（メーカー確認）。念のため、**食材を焼く前に、乾かしてから「必ず」カラ焼きをしましょう。**

七厘の補修

七厘にヒビが入ったり欠けたりした場合は、補修材で直しましょう。おすすめはチューブ入りの補修材で、ホームセンターで入手可能です。ストーブの煙突などに使うもので、1000℃もの耐熱効果があります。

1 長年使い続けてきた七厘。内側の一部が欠けてしまいました。

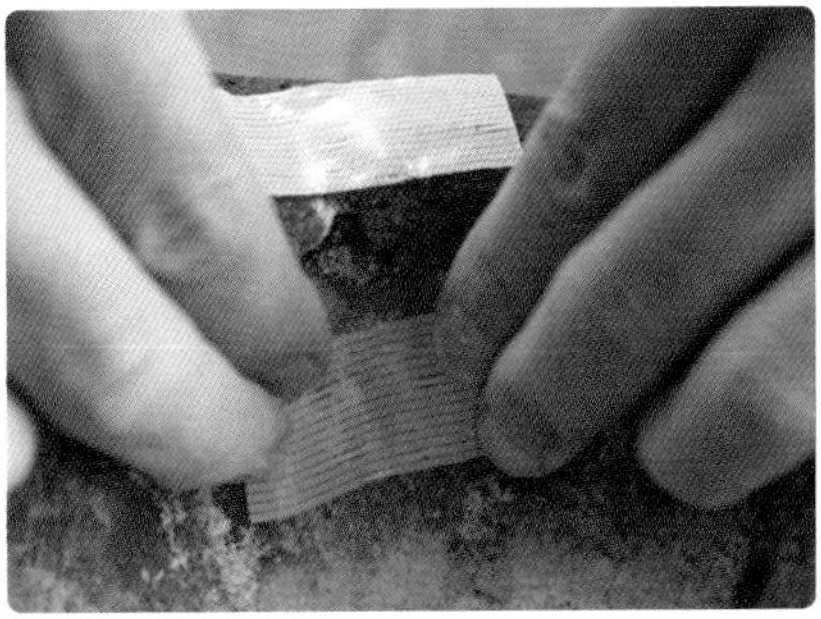

2 補修する周囲を、養生テープで保護します。

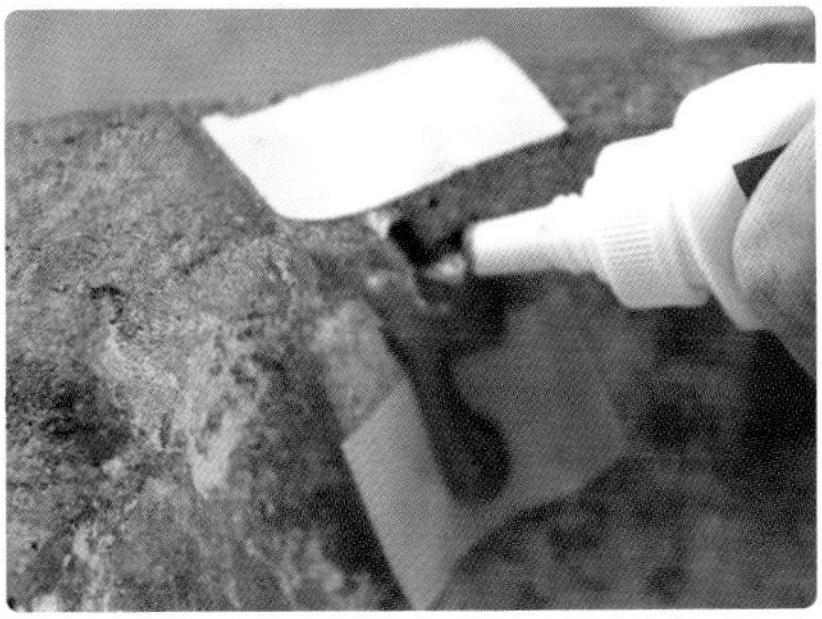

3 チューブ入りの補修材を、欠けた部分に直接押し出します。

4 ヘラで表面を仕上げます。

5 養生テープをはがします。

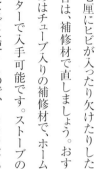

七厘と対話して**歴史を考える**

私が主に使っている七厘は、能登の切り出し七厘です。1500万年前もの太古の地層から、まるでタイムマシーンに乗って現代に現れたかのような、素晴らしい焜炉（七厘）なのです。使い始めてから約25年経過した、その七厘と向き合いながら、歴史について考えたいと思います。

日本で食事を煮炊きする道具としては、縄文土器がその始まりでしょうか。それから囲炉裏や竈、火鉢などが使われるようになり、携帯用に焜炉が登場します。それも進化して元禄期に入ると、遂に現代形の七輪（厘）が現れたそうです。

「七輪」という名称はいつから使われているのでしょうか。「七輪」と「七厘」はどう違うのかということにも諸説あるようで、辞書などには「煮るのに7厘程度の値で済む」ことが語源であるという説が多く書かれています。しかし江戸時代には、「厘」という単位は長さでしか使用されていません。明治時代になってからは、通貨単位として使用されています。ということは、七厘という名称は明治時代になってから使用され始めたのではないかと思います。そして「七輪」の方は江戸時代から使われていたとすると、どういう意味なのでしょうか？「目皿の部分に7個の丸い穴があったから」という説もありますが、イマイチしっくりときません。

そのようにはっきりとした情報がない中、私が七厘と対話して空想しながら、勝手に「これだ」と納得している説は、次の通りです。

約25年使用した能登の切り出し七厘。

※本書では、私が以前から使っていた「七厘」の漢字を使用しました。使っていた理由は、文字がしっくりときて愛着を感じてしまったからです。ひらがなで「しちりん」も、かわいらしい雰囲気で面白いので候補には上がりました。

ガスコンロの、鍋などを置く金属の部位を「五徳」と呼びます。五徳が使われ始めたのは、鎌倉時代という説もあれば、弥生時代という説もありますが、いずれにしろ遠い昔のことです。その名称に使われている「五」の数字は、何かが「5つある」という意味ではなさそうです。その後、五徳を不要とする携帯用焜炉が表れたので、意味ははっきりしていなくても5より大きな数字をつけたくなるでしょう。その結果、「七輪」という名前がついたのではないでしょうか。七輪は五徳の代わりに、鍋を置くための丸い輪の形をした出っ張りを配置しています。これが7つなくとも、名前の進化の傾向からすると妥当だったのではないでしょうか。

次に「七厘」です。明治時代に入り、七輪を使った屋台などが増えて、今でいうテイクアウトの利用が多くなります。江戸時代からそういった屋台式は多かったと思いますが、明治時代の通貨単位である「厘」が、丁度そのような食べ物の値段の単位であり、「安くて美味しいよ」という意味も含めて「七輪」の名も使いながら、新たに「七厘」という当て字のような呼び方が生まれたのではないかと、想像したのです。

そして、炭火を盛って運ぶ道具である「十能」。その名称の由来にも諸説ありますが、「七厘」の後に命名されたのだとしたら、これで全体的な自然の流れを感じます。**七厘と向き合い対話**しながら、その歴史について思いをはせる。それもひとつの楽しみではないでしょうか。あなたも時空を超えた**何か面白いことでも空想してみませんか？**

COLUMN

丸か四角か？

調理器具には、主に丸型と四角型があります。鍋やフライパンは丸型が多く、構造的には丸型の方が強度があり、洗いやすいメリットも感じます。一方でホットプレートなどは、角型が主流に思えます。炊飯器は七厘に似て、外観は角型なのに中は丸型です。アウトドア製品を見てみると、バーベキューグリルは四角、コッヘルやコップは丸という印象でしたが、近年は四角いメスティンが急浮上してきました。キャンプ用のクッカーの中にも四角いラーメンクッカーはありますが、メスティンのような長方形タイプは希少ですね。日本で言うと、卵焼き器か弁当箱くらいしか、すぐに思いつきません。長方形のクッカーに魅力を感じない私は、今でも丸いコッヘルを使い続けています。さて、長方形といえば秋刀魚を丸ごと焼きたい人が選びたくなる長角七厘。その人は次にキンメ鯛の開きを一気に焼こうとしたら身が入りきらない。特大のホッケを手に入れても、身がのりきらない…。どうやら、焼く食材に七厘を合わせていくのはキリがなさそうです。サイズへのこだわりは、秋刀魚の段階で捨てた方がよさそうです。再び七厘の選び方（p.32〜34）に戻ってみましょうか？

昔からキャンプや登山では定番の「コッヘル」。

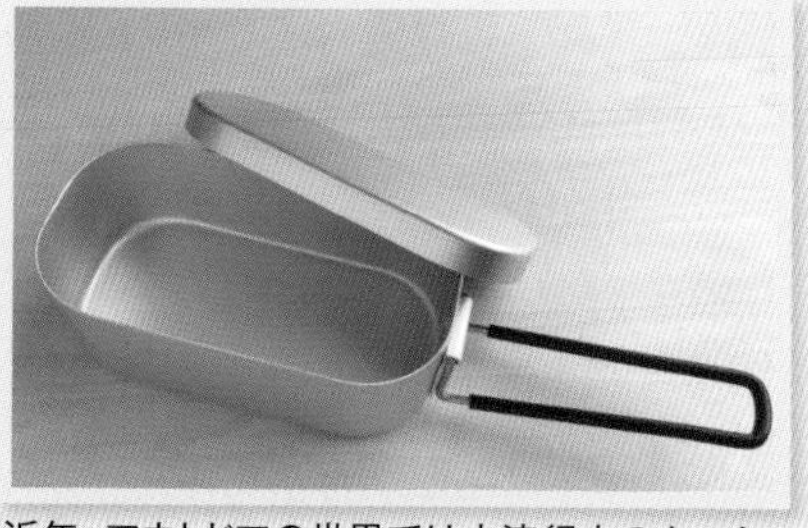

近年、アウトドアの世界では大流行中のクッカー「メスティン」。

いろいろと焼いてみよう!

SECTION 3

魚や焼き鳥などの定番食材を美味しく焼くコツや、七厘で楽しめるオリジナルメニューのレシピを紹介します。ここに書いてあることだけにとらわれず、好きなものをどんどん焼いて楽しみましょう!

塩は重要

貝の砂出しなど、塩にはさまざまな用途がありますが、ここでは味つけに特化した塩選びについて考えます。

塩味を理解する

塩の専門店があるほど塩の種類は膨大で、その中から何を選べばよいのか、悩んでしまいます。名の知れた高級な塩を買って試してみても、安い塩との差を説明することは難しいものです。

しかし、食材に均等に塩が振られていないと美味しくない、ということには案外簡単に気づきます。塩味が足りない時や塩辛い時、大抵の人はすぐわかります。恐らくその延長線上に、「味が均一でないことに気づける力」があり、特別に優れた舌を持っていなくても、美味しくないと判断できるのでしょう。以上のことから、一般の人が七厘で食材を焼いて食べる料理には、高価な塩を使う必要はなく、均一に塩を振りかければよいということになります。

塩選び

私は産地やブランドで塩を選ぶのではなく、屋外で使用しても湿気にくく、最後までサラサラと振りかけられる塩を探しました。サラサラしているとダマができずに、均一に食材に振りかかるからです。そして見つけたのが、「アルペンザルツ」という塩です。スーパーなどでよく見かける青い円筒形の商品です。伊豆大島の焼き塩で、小瓶入りの「海の精」もおすすめです。探せばまだありそうですが、重要ポイントは「湿気にくく最後までサラサラ」なのです。

アルペンザルツ

海の精

※海の精は試した数がまだ少なく、検証継続中です

塩の振り方

大相撲では、時に素晴らしい広がりで、均一に塩がまかれている場面を見ることがあります。そんな時は、食材を持ってそこをサッと横切りたい衝動にかられます。それはさておき、高い位置から塩を振っても均一にかからないし、食材の周りに広がってしまい無駄塩も増えます。塩を低い位置から振りかける、下の方法が最良です。

塩の分量については「ひとつまみ」や「小さじ一杯」といった単位は使いにくいので、出る穴をどこまで開けるかまたは何往復するかと、食材によって使い分ければよいのです。塩選びは「**味より質感**」、塩振りは「**技術より方法**」という結論です。アウトドアでは、この程度の「**ゆるさ**」**に落ち着くことも重要**だと思います。

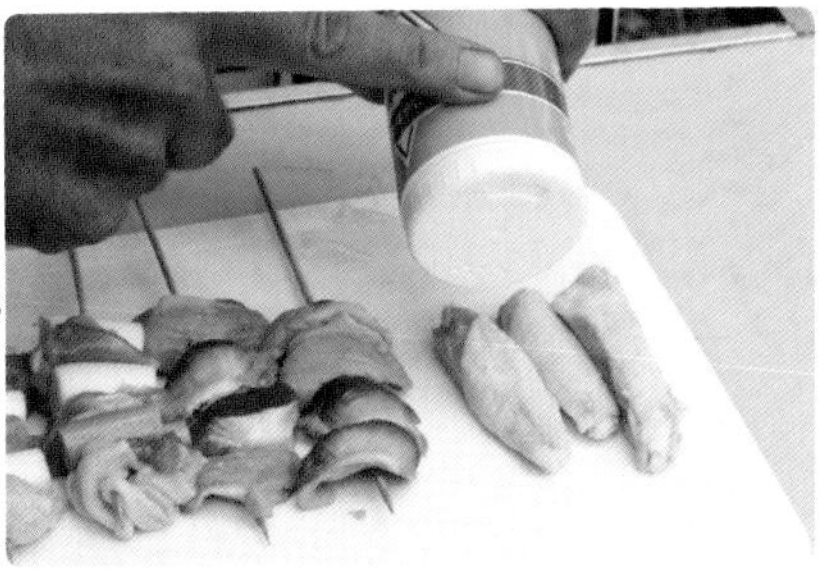

端から、筒の頭を叩いて塩を振ります。

叩きながら、食材の上を一定速度で満遍なく移動させます。

低い位置から振っているので、無駄塩も少なく均一にかかります。

「塩は高いところから振らなければならない」などとよく耳にしますが、やってみると結構難しいです。

魚を焼く

七厘で魚を焼く時はくっつきに注意が必要です。また、網を持って動かせるよう、七厘よりも少し大きめの網を使いましょう。

網の状態を整える

魚の皮は網につきやすくはがれてしまうこともあるので、網を充分加熱してから魚をのせます。また、しばらくは我慢して魚を動かさないようにしましょう。新しい網はさらにくっつきやすいので、油や酢を塗ってから使うのもひとつの方法ですが、脂ののった食材を先に焼くのも手です。

開き干しや塩サバなどは基本的に調味不要ですので、そのまま焼きましょう。秋刀魚のように長い魚は、七厘からはみ出してしまいます。その場合は魚を箸で動かさずに、網ごと移動させて均一に焼きましょう。

七厘は炎で焼くのではなく、熱で焼くのが基本です。また構造上は中央が熱くなりやすいので、それを念頭に食材が均一に焼けるよう移動させるなど、炭火の力を最大限生かして楽しみましょう。

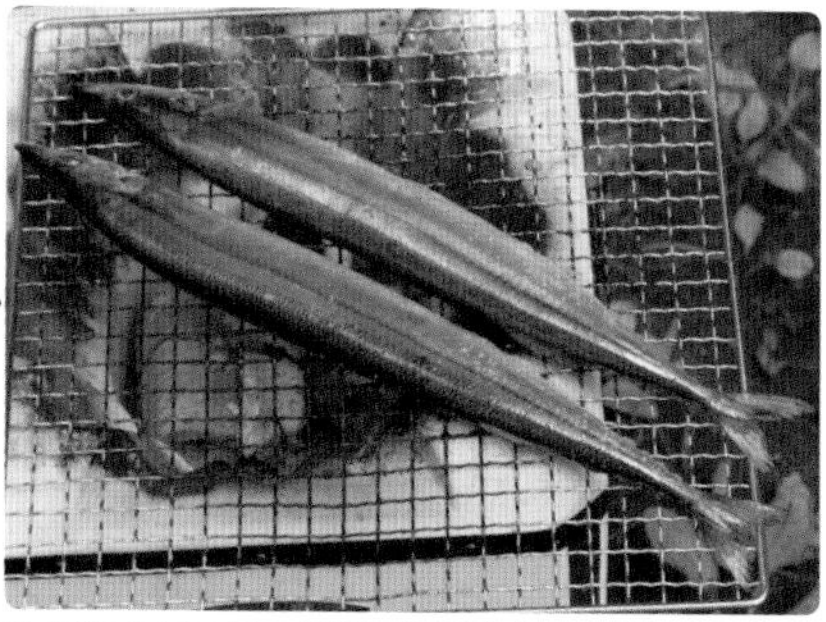

秋刀魚などの長い魚は、七厘からはみ出してしまいます。

魚を動かすのではなく、このように網ごと移動させて全体を焼くとよいでしょう。

臭みを取る

生鯖などの青魚は、臭みを感じて気になる人もいると思います。軽く塩を振って10分ほど放置し、表面に出ている水分をキッチンペーパーなどでふき取ってから再び塩を振って焼くとよいでしょう。最近では、「浸透圧脱水シート」という便利そうな商品もあります。

とはいえアウトドアでは気にせずに、そのまま焼いてワイルドに味わうことをおすすめします(ガスレンジで焼く時よりも炭火の方が、臭みが少ないと感じると思います)。

1 p.51を参考に魚に塩を振り、10分ほど放置します。

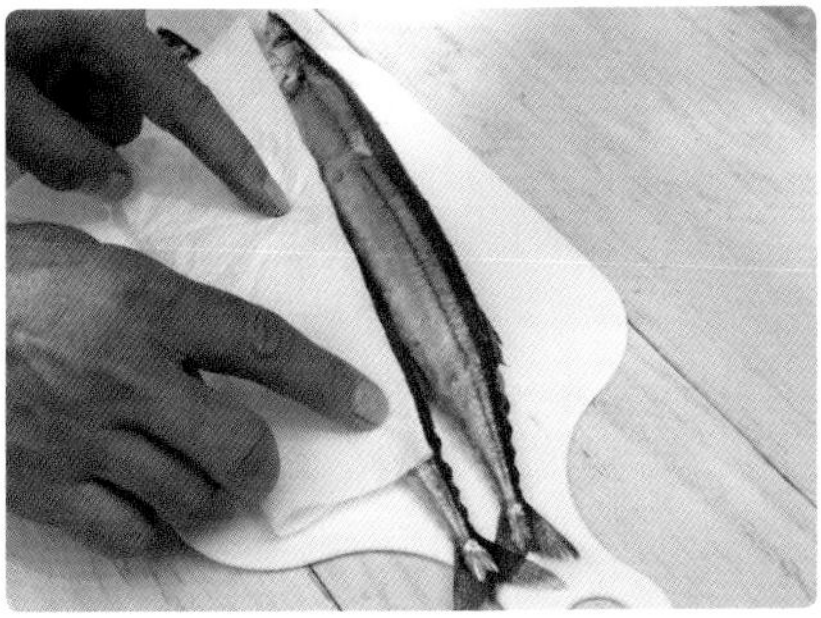

2 キッチンペーパーなどで、表面の水分をふき取ります。

3 再度、全体に塩を振ります。

4 臭みが気になる人は、このようにしてから焼くとよいでしょう。

魚を焼く

七厘レシピ❶ サバーガー

焼いた鯖を半身丸ごとパンに挟んで食べる。これが実に旨い!

［ 必要な材料・道具 ］

- 鯖（骨抜きの塩サバが大変便利で簡単です）
- パン（中央に切れ込みが入ったコッペパンが楽です）
- レタス　適量
- トマトスライス　1〜2枚
- 粒マスタード　適量
- マヨネーズ　適量
- 醤油　少々

1　レタスを好みの大きさにちぎり、トマトをスライスします。

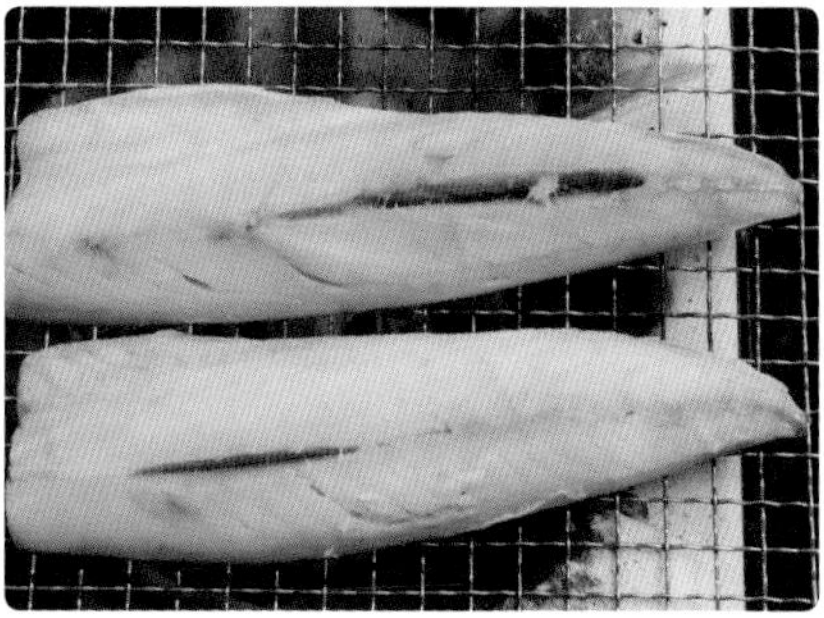

2　サバを、皮から焼いていきます。生サバを使う場合は塩を振ってから焼きます。

3　パンも軽く炙っておいた方が、より美味しくなります。

4 パンの内側に、粒マスタードを好みの量だけ塗ります。

5 トマトスライスとレタスをパンにのせます。

ここがポイント!

6 焼いた鯖を、半身丸ごとのせます!

7 マヨネーズを好きな量だけかけ、その上にパンをのせて挟みます。

8 醤油を適量、タラタラと落とし入れるか、スプレーを使って吹きかけます。

完成

9 パンは好きな種類を、いろいろと試してみてください。

串を使う

焼き鳥に串揚げと、七厘を楽しむのに欠かせない串料理。いろいろと試してみましょう。

自分の好きなものを好きな量だけ焼いたり、一緒に食べる人が好きなものをリクエストしたりして、串で焼く食材の種類が増えると、まるで焼き鳥屋さんです。よりいっそう場が楽しくなります。ここでは焼き鳥のワンポイントを紹介します。

長めの串を使う

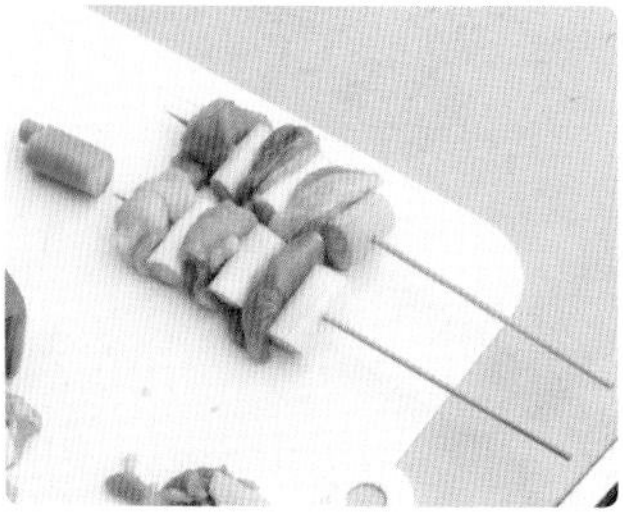

焼き鳥屋さんの焼き台は細長く、肉だけに熱が伝わるように効率よくできています。しかし七厘の場合は串をひっくり返す手も熱くなるので、その対策として長い串の方が焼きやすいです。

肉は凍り気味が切りやすい

油ののった部位は滑りやすく切りにくいので、やや凍り気味の方が切り分けやすいです。また砂肝は2つこぶ状態でそのまま焼くと、中心まで均一に焼けません。2つこぶをそれぞれに分けて、こぶに斜めにナイフを入れ揃えましょう。

[串打ち] 押さえた肉に水平打ち

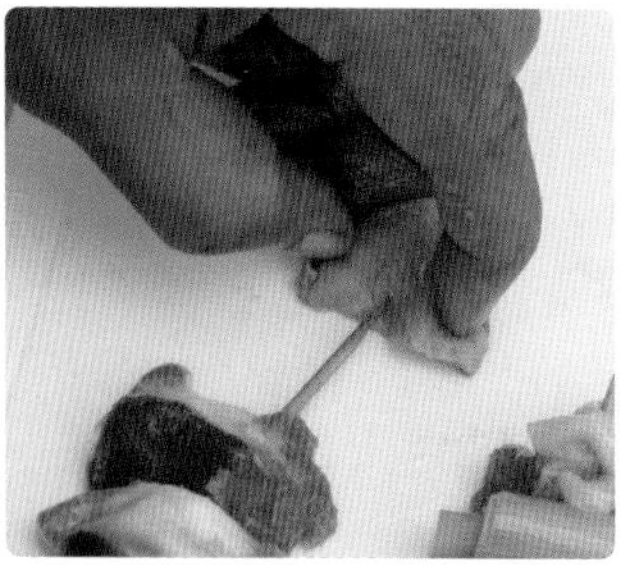

指に串を刺さないよう、まな板に肉をのせて、中心を目掛けて串を水平に刺します。その時の指は肉の両脇を押さえるようにして、危険を回避しましょう。

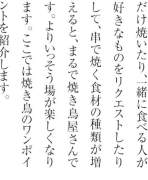

つくねはこねて刺すだけ

鳥ももの挽肉にネギや刻み生姜、少量の酒や味噌を加えこねてから、串に刺します（串は２本の方が安定します）。挽肉を豚に変えて、塩、砂糖、スパイス、ハーブなどを加えれば、腸詰めしない簡易ソーセージができます。

タレは瓶に入れて使う

お店で焼き鳥を買った時などに、余ったタレを瓶に保管しておきます。効率よくタレが絡みやすい楕円形が最適です（なめ茸の瓶など）。焼けた串を何度かつけ焼きすれば、「秘伝の継ぎ足しタレ」が完成します。

※日持ちの保証はできませんので、自己責任で判断をお願いします。

［肉巻き］好みの具を豚バラで巻く

プチトマト、アスパラやエノキダケ、ヤマトイモなど好きな具材を豚バラで巻いてみましょう。巻き終わりは串の内側に向けます。

［手羽］串に刺さず胡椒多め

手羽は手で食べた方が食べやすいので、串に刺さなくても大丈夫です。胡椒が強めでも美味しいですよ。

串を使う

七厘レシピ❷ ゴーヤーチャンプルー

フライパンで焼かずに、串で焼いて食べるゴーヤーチャンプルーです。
ひと口で一気に食べるのがポイントです。

［ 必要な材料・道具 ］

- ゴーヤー
- ランチョンミート
- うずらの卵
- 串
- かつお節 適量
- オイスターソース 適量
- 料理酒 適量
- 塩（塩もみする場合）、胡椒 少々

1 ランチョンミートを、ひと口サイズに切ります。

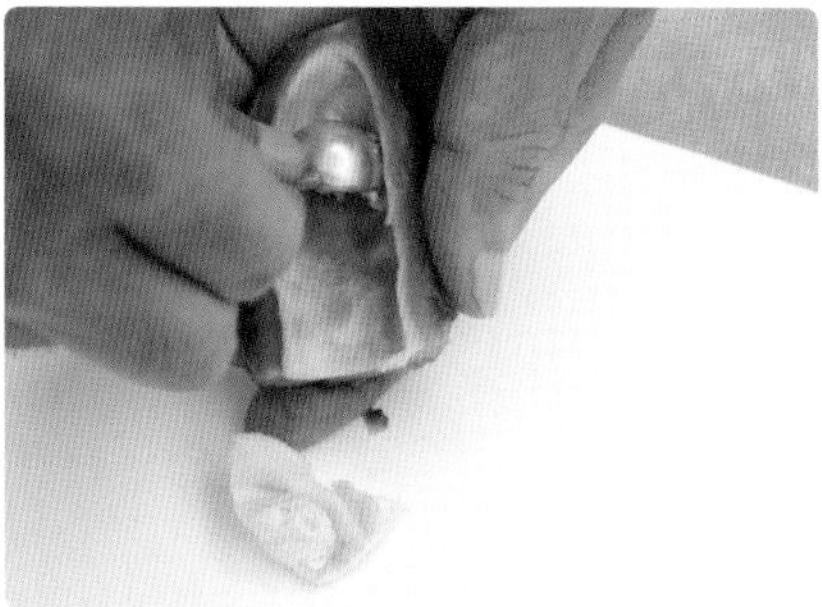

2 ゴーヤーは洗って縦に切り、スプーンでワタと種を取り除きます。

3 ゴーヤーを好きな厚さに切ります。よく焼くと苦味が減りますが、苦手な人は塩もみをするか、湯通ししてから焼くとよいでしょう。

4 ゴーヤー→ランチョンミート→うずらの卵の順に、串に刺していきます。

5 ランチョンミートは塩味が強いので、胡椒だけをお好みで軽く振り、焼きます。

ここがポイント!

焼けてきたら、オイスターソースを酒で割ったタレを少量塗り、さらに軽く焼きます。

6

完成

お皿に盛り、かつお節をかければ完成!
このゴーヤーチャンプルーは、ひと口で全部食べないとゴーヤーチャンプルーの味に近づかないのが欠点です。

7

串を使う

七厘レシピ❸ ヘルシー串揚げ

串揚げを揚げずに、オイルスプレーを吹きかけてから網で焼きます。
油が気になる人向けのヘルシーな串揚げを楽しめます。

[必要な材料・道具]

- パン粉・小麦粉
- 卵、お好みの食材
- 塩・胡椒
- 串
- サラダ油
- オイルスプレー
- 必要により水スプレー
- 皿やバット
- 冷蔵保存用袋（バッター液を使う場合）

※スプレーは100円ショップでも手に入りますが、
手動加圧式の方が上手にスプレーできます

1 肉や野菜などの具材を、串に刺しやすいようにひと口サイズに切ります。

2 卵、小麦粉、パン粉をそれぞれ器に出します。

3 卵を溶いておきます。

4 肉や魚には、軽く塩胡椒します。

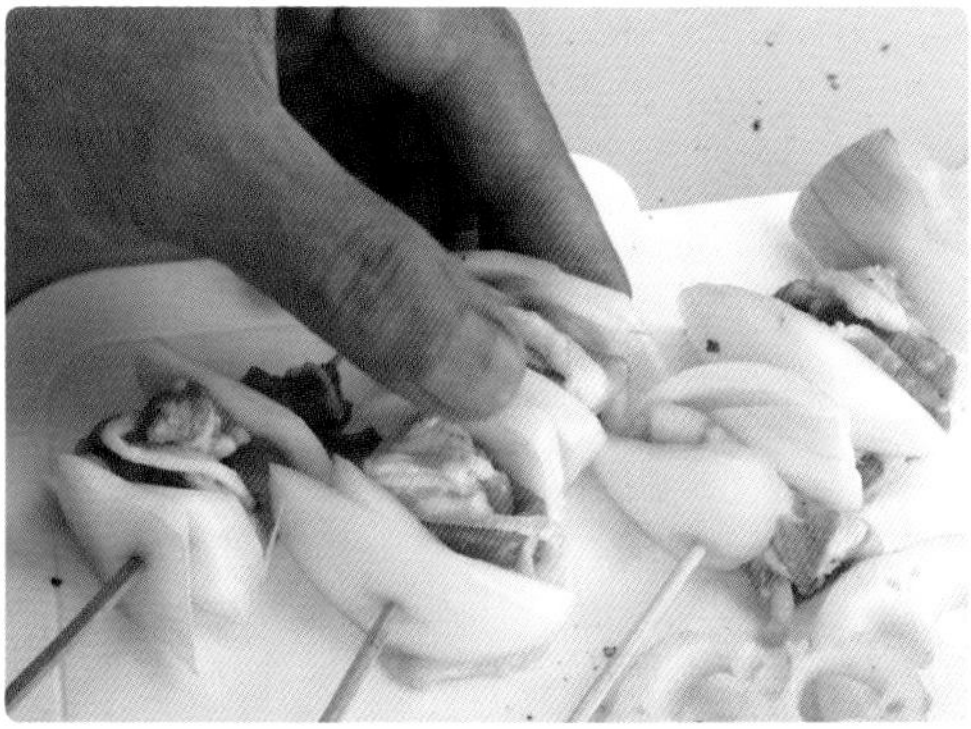

5 それぞれの具材を串に刺していきます。豚肉と玉ねぎを交互に刺せば串カツに。

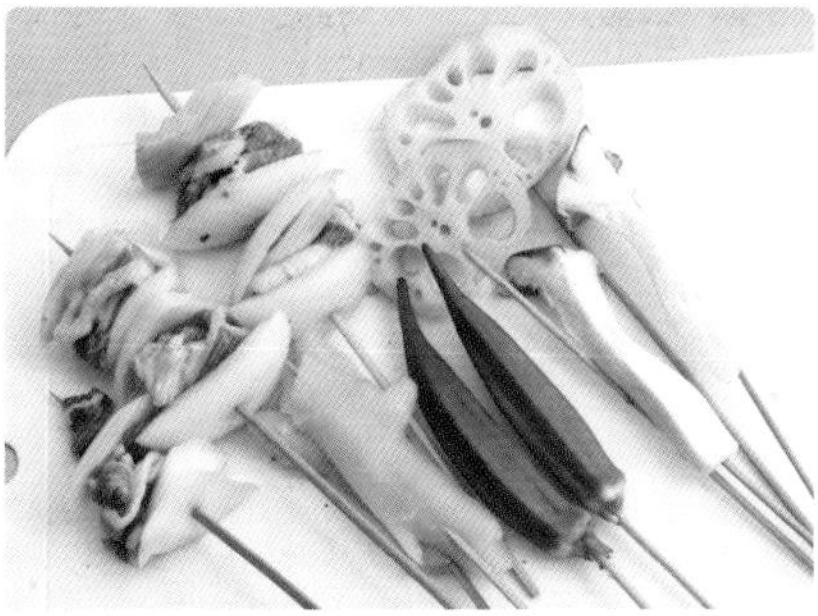

6 オクラやエリンギなどの細長い具材は、串を縦に刺します。

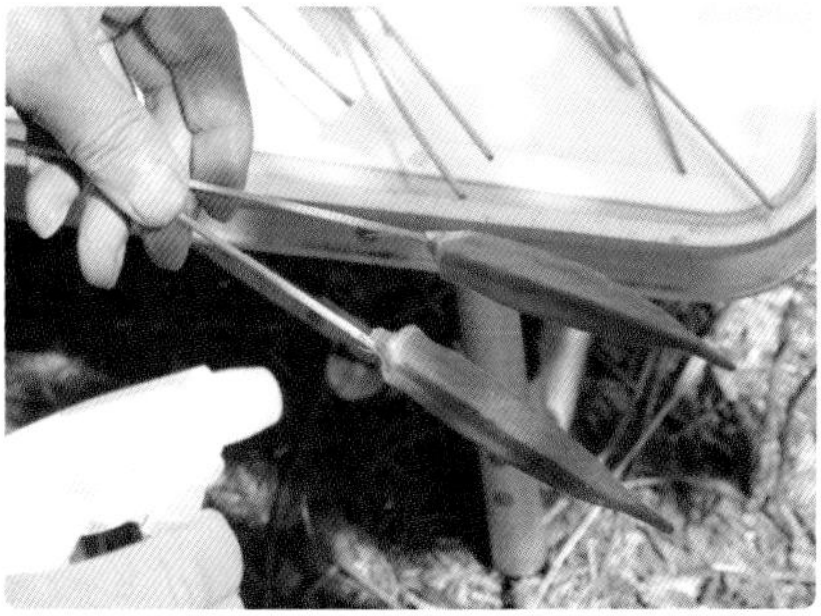

7 小麦粉がつきにくい野菜などは、水をスプレーします。

8 具材全体に小麦粉をつけます。つきにくい部分は、上から振りかけます。

9 小麦粉をつけた具材を、溶き卵に浸します。

10 溶き卵をつけた具材全体に、パン粉をつけます。つきにくい部分は上からかけて、軽く押しつけます。

冷蔵保存用袋で作る

卵と小麦粉は、バッター液にして調理してもOK。冷蔵保存用袋に卵1個、小麦粉大さじ4、水小さじ1～2を入れてよく混ぜます。袋の中で串に刺した具材に液をまとわせたら、⑩に進みます。

完成

12 焼け具合を確かめながら、焼き加減が均等になるよう串の位置や方向を確かめながら焼き、焼色がついたらひっくり返し、同定度の色がつくまで焼きます。

ここがポイント！

11 ⑦～⑩をすべての具材に行い、オイルスプレーでサラダ油を吹きかけます。

七厘で串揚げ！

油を気にしなくてもよい人は上の⑩の後に、各自で好きな具材を揚げるパーティースタイルを! 小さなフライヤーを七厘にセットすると、置くだけでも安定するので安心です。

道具はひとつだけ、土鍋の蓋を利用して燻製を作ります。

炭を仮置きしておく

あらかじめ、小さめの炭（7～10個程度）を火起こしして、火消し缶などに仮置きしておきます。

※蓋はしめないように！

［ 必要な材料・道具 ］

- アルミホイル
- 土鍋の蓋（七厘の開放面と同程度のサイズ）
- 鍋掴みやミトン（タオルでも可）
- 炭バサミ・空き缶または火消し壺
- 燻製用チップ 1回 15～20g（2～3つかみ分）
  ※今回はサクラチップを15g使用
- ザラメ（艶や色を増したい場合に少量をチップに加える）
- お好みの食材

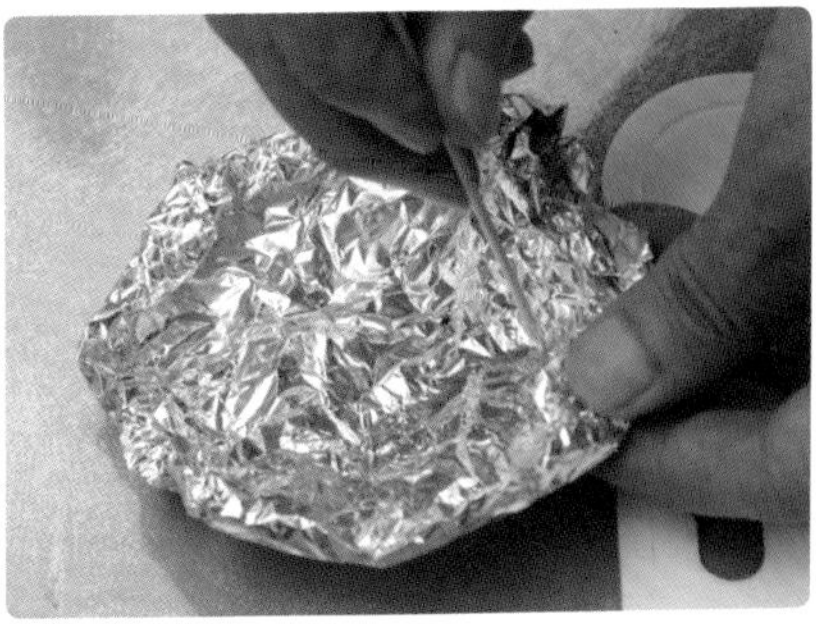

1 目皿よりやや小さめに成形したアルミホイルに、竹串などで数か所ほど空気穴を空けておきます。

2 土鍋の蓋の内側に、汚れ防止のためにアルミホイルを貼ります。

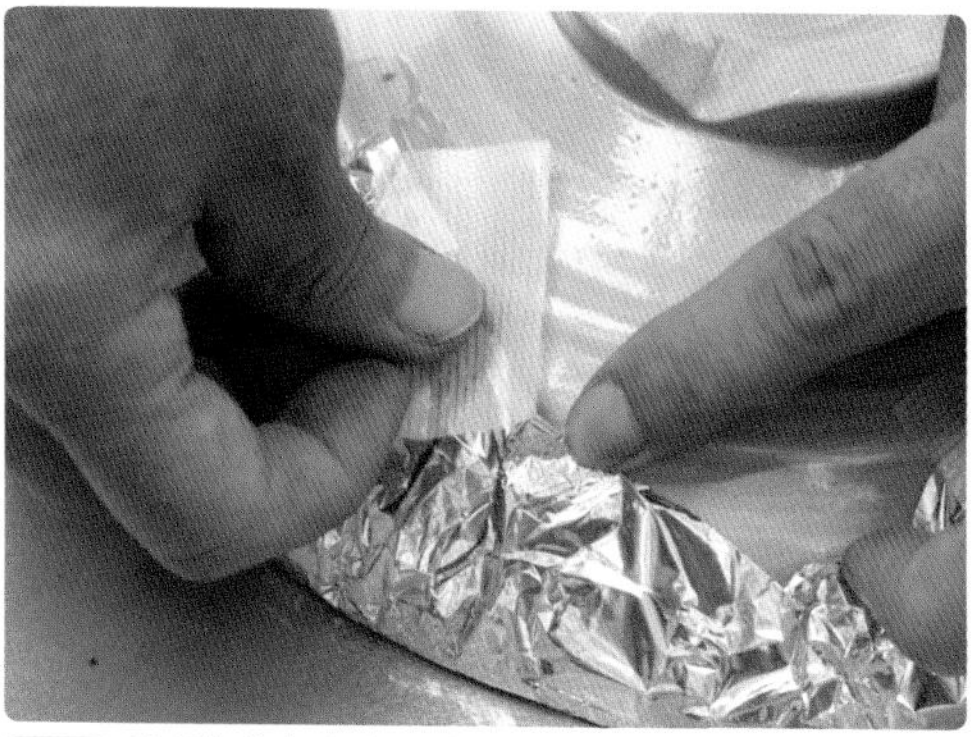

3 はがれ落ちやすい時は、蓋表面に折り返した部分を養生テープやキッチンアルミテープなどで固定します。

4 水蒸気の滴下による劣化を防止するために、縁にアルミホイルをかぶせましょう(水滴ガード)。

5 ①で成形したアルミホイルのお皿に、ひとつかみ程度の燻製チップをのせます。

6 ⑤を、目皿の上に置きます。

7 その上に、仮置きしていた小さな炭を3～4個のせます。※通気口は全開にします

8 充分に燻煙が出ない場合は、小さな炭を追加します。

9 このように白い燻煙が出ていればOKです。

10 網を七厘にのせて、サーモンやサラミなどの具材を置きます。チーズは溶け落ちる場合があるので、アルミホイルの上に置きましょう。

11 土鍋の蓋をかぶせて、燻製スタートです。

12 七厘と蓋の間から燻煙が出ていればOK！

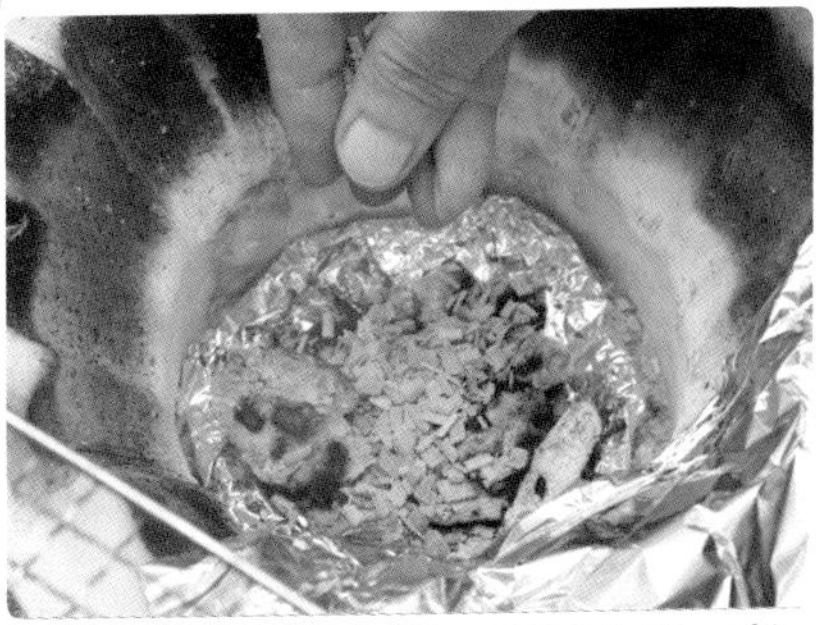

13 燻煙が上がらなくなってきたら、チップをひとつかみずつ足します。

完成

14 好みにもよりますが、20～40分程度で完成です。チーズやソーセージ、サーモン、ゆで卵など好きな食材を用意して楽しみましょう。

土鍋のフタを使う
七厘レシピ⑤ 七厘ピザ

なんと七厘でピザが焼けます！ ピザ窯を新しく購入しなくても、家にあるものでピザを焼くおすすめの方法を紹介します。

※ピザソースは、トマト缶1缶を空ける分量です。下記生地の量に対して、２倍のソース量となります。残りは冷蔵保存用袋のまま次回使用したり、ほかの料理に使用したりしてください。最初から全てのソース材料を、半分にして作るのもOKです。

[必要な材料・道具]

生地材料

- 小麦粉300g（約2.5カップ）
- 水180cc（0.9カップ）
- ドライイースト6g（小袋2袋）
  ※予備発酵不要を使用
- 砂糖1０g（小さじ2.5）
- オリーブオイル10cc
  （小さじ2）
- 塩5g（小さじ1）

ピザソース材料

- ホールトマト缶（400g）１缶
- オリーブオイル 20cc
  （大さじ1と1/3）
- 塩 8g（小さじ1.5）
- 胡椒 少々
- （お好みで）
  バジリコ&オレガノ 適量

具材・道具 ※マルゲリータの場合

- 生モッツァレラチーズ（150g程度）
- 生バジルリーフ １袋
  （15～30枚）
- 冷蔵保存用袋
- 土鍋の蓋、アルミホイル
- 必要により麺棒
- ピザカッターまたはナイフ
- ピザプレートまたはまな板

生地作り

1 今回は薄力粉ですが、強力粉200gと薄力粉100gを合わせると、程よいもっちり感とサクッと感が出るのでおすすめです。

ここがポイント!

2 冷蔵保存用袋に、小麦粉、ドライイースト、砂糖、塩、オリーブオイルを入れていきます。

3 最後に水を加えます（より早く発酵させたい場合は、水の代わりにぬるま湯を入れます）。

4 スプーンなどを使い、軽く混ぜ合わせた後、しっかりと袋を閉じます。

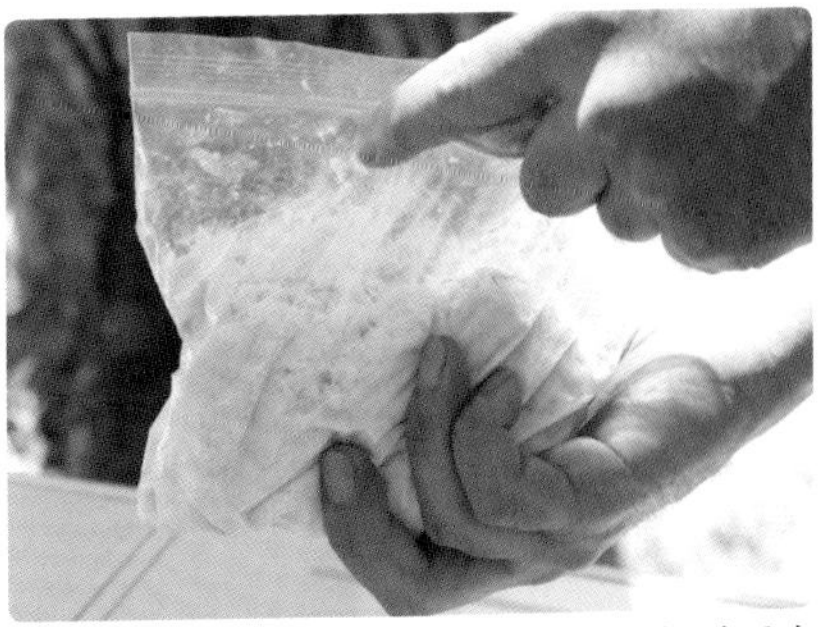

5 粉っぽさが無くなりひとまとまりになるまで、手でよく揉みこみます。

6 このように、粉っぽさがなくなるまで揉みこみます。

7 日あたりのよい場所に置き、３０分ほど寝かせます。寒い時期は車の中に置いたり、寝袋に入れたりするとよいでしょう。

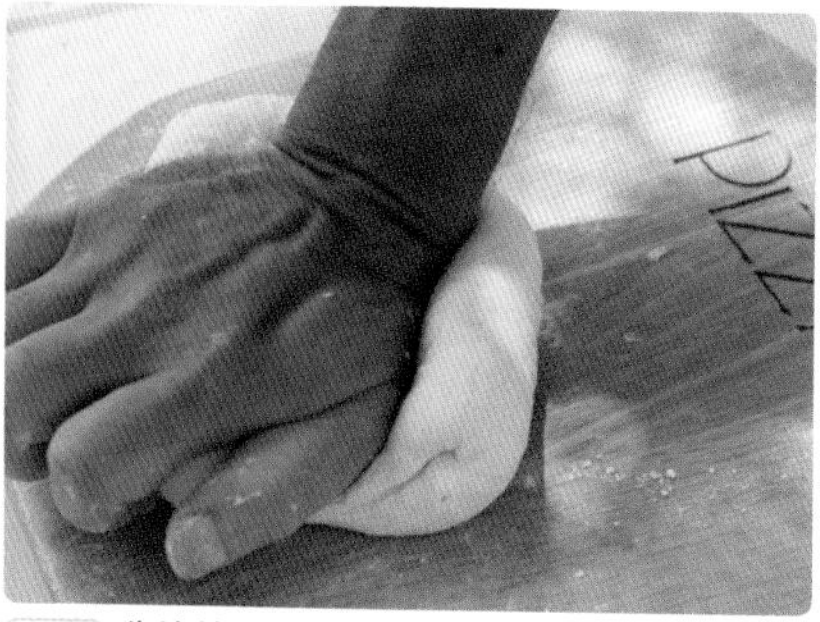

8 生地が発酵しふくらんだら、冷蔵保存用袋から取り出してまな板の上でこねます（“台にこするように押し、折りたたむ”という動作をくり返す）。

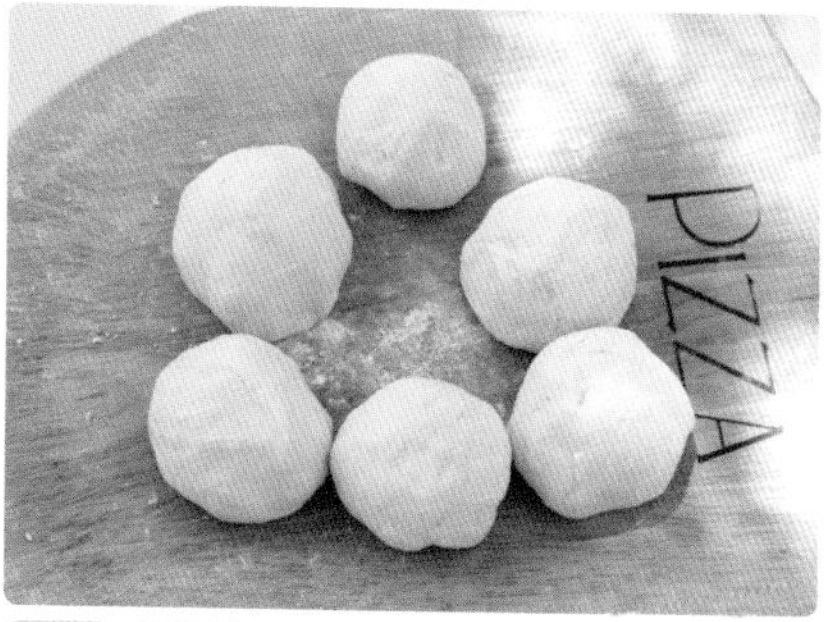

9 表面がなめらかになったら6等分し、それぞれを丸めます。

10 丸めた生地をラップに包み、冷蔵保存用袋に戻します（ラップにオリーブオイルをスプレーしておくと、後ではがれやすくなります）。

家で生地を作る場合

生地は家で作り、現地では焼くだけの状態にしておくのがおすすめです。その場合、ボールに水以外の材料を入れて軽く混ぜた後、水ではなくぬるま湯を半分入れて混ぜ合わせます。その後、残りのぬるま湯を入れ、ひとまとまりになるまでこねたら、ラップをかけてオーブン（38℃～40℃）で20分程度温めます。生地が2倍程度にふくらむので、それを6等分に小分けして丸め、オリーブオイルを浸み込ませたキッチンペーパーでふいたラップで包みます。それを冷蔵庫に入れて一晩寝かせ、二次発酵させます（二次発酵させた方が「もっちり感」が出ます）。

ソース作り

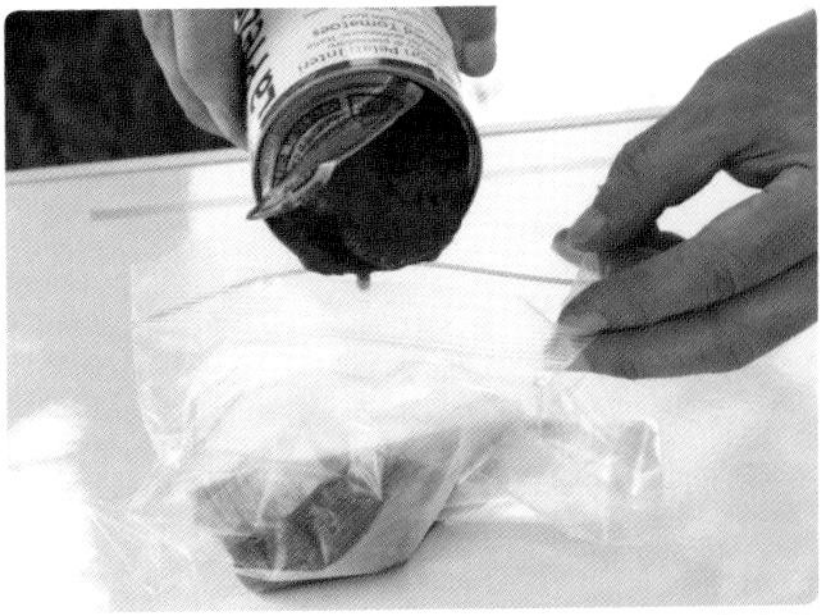

11 トマト缶を開け、冷蔵保存用袋に中身を入れます。

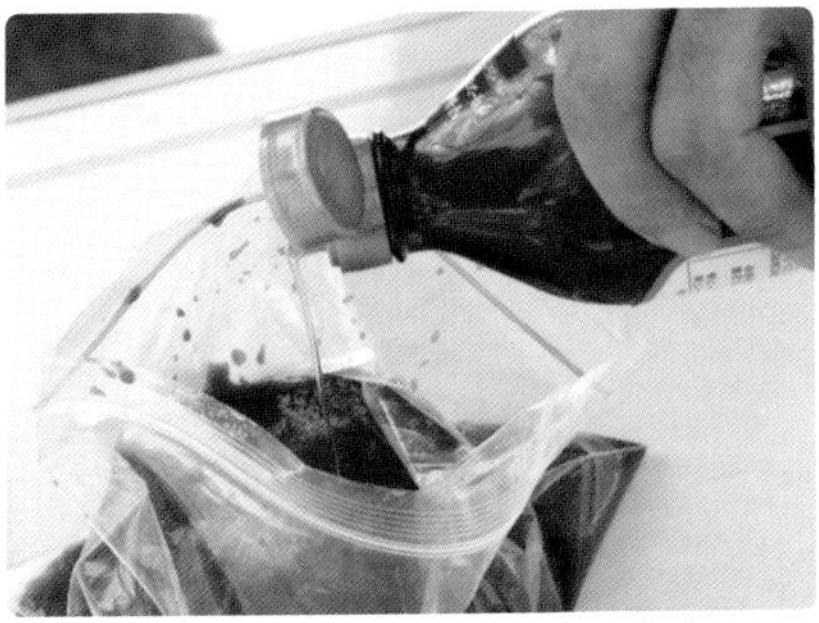

12 オリーブオイル、塩、胡椒を加えます。

13 お好みで、バジリコとオレガノを加えます。

ここがポイント!

14 きちんと袋を閉じてから、ホールトマトが潰れるように揉んだら完成です。

焼き台(シート)作り

15 まずは、ピザを焼く台となるシートを作ります。アルミホイルを、6~70cm程度切り出します。

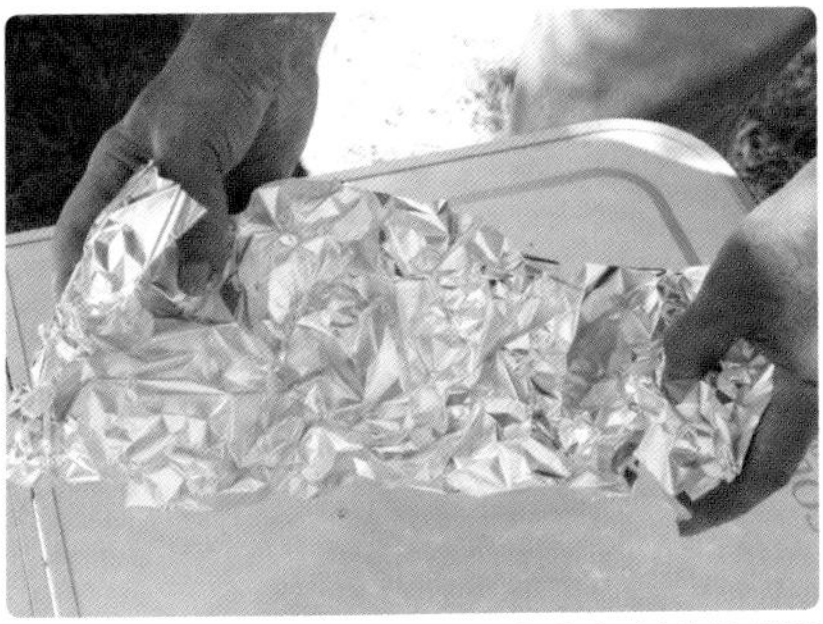

16 軽く揉み、シワをつけておきます(生地が張りつかないための工夫です)。

17 土鍋の蓋にすっぽりと入り込む大きさに折りたたみます(焼き過ぎ防止の断熱として3層程度になるように重ね折りします)。

18 角を折って整え、円形にします。

19 土鍋の蓋を網の上にのせて予熱しておきます(強火で)。※数分で焼けるので、水滴ガードは不要です

生地のばし

20 まな板などの上に、打ち粉(小麦粉)を振ります。

21 打ち粉の上に生地を置き、上から手のひらを押し当てて潰します。

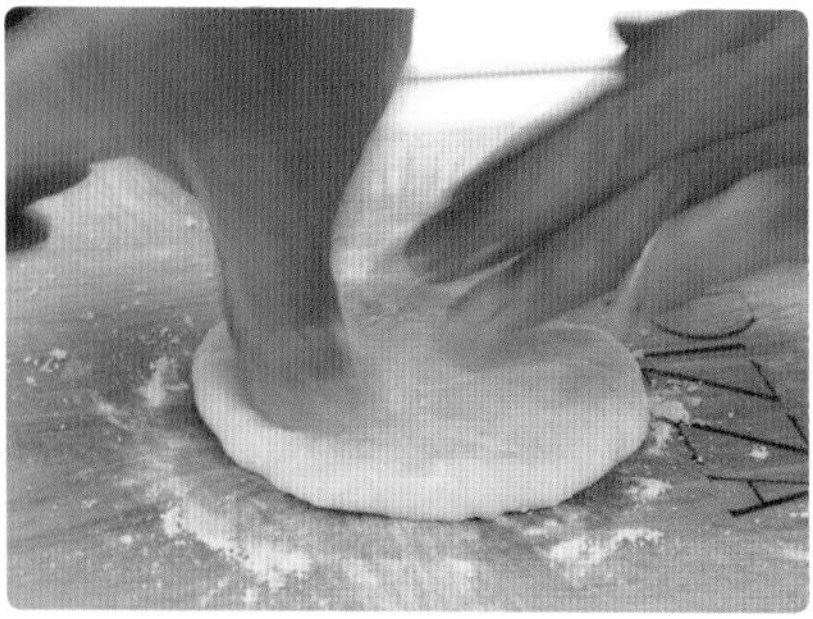

22 生地が円形になるように、さらに広げるように押していきます。

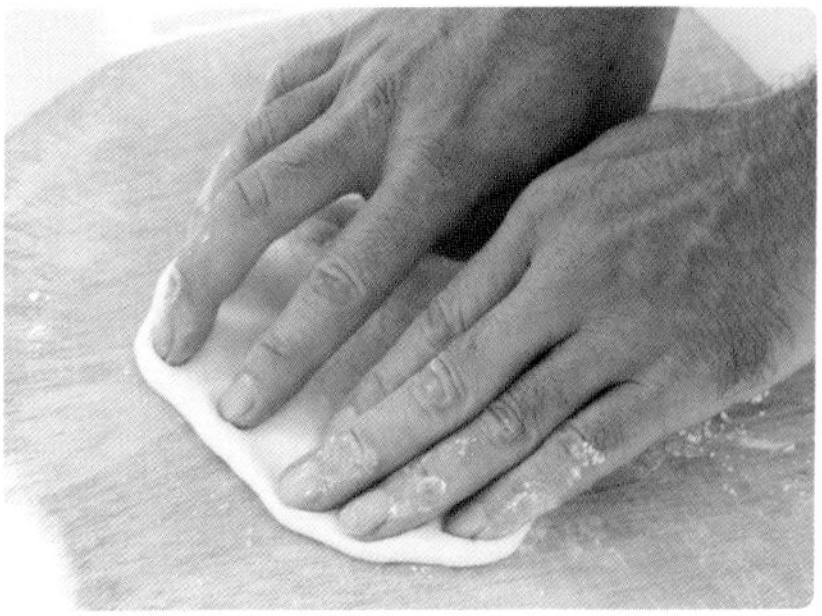

23 ある程度広がったら、内側から外側に向けて、指を使って押し広げていきます。うまくのばせない場合は麺棒を使ってもよいでしょう。

24 これで生地が完成です。大きさは、七厘の開放面よりも小さく仕上げます。

焼き

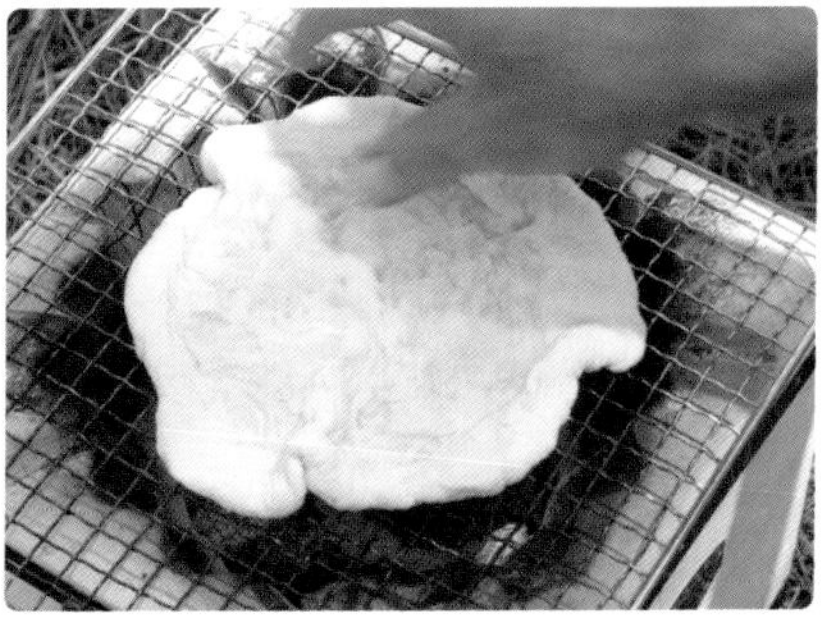

25 予熱していた蓋を開け(熱いのでミトンなどを使ってください)、のばした生地を網の上にのせて焼きます。

26 時々焼け具合を確かめながら、片面だけ焼きます(強火で1分程度)。※ここでは焼き色をつけるのが目的です

ここがポイント!

27 生地をまな板などに置いたら、⑮～⑱で作ったアルミホイルシートを網の上にのせ、土鍋の蓋も戻します。

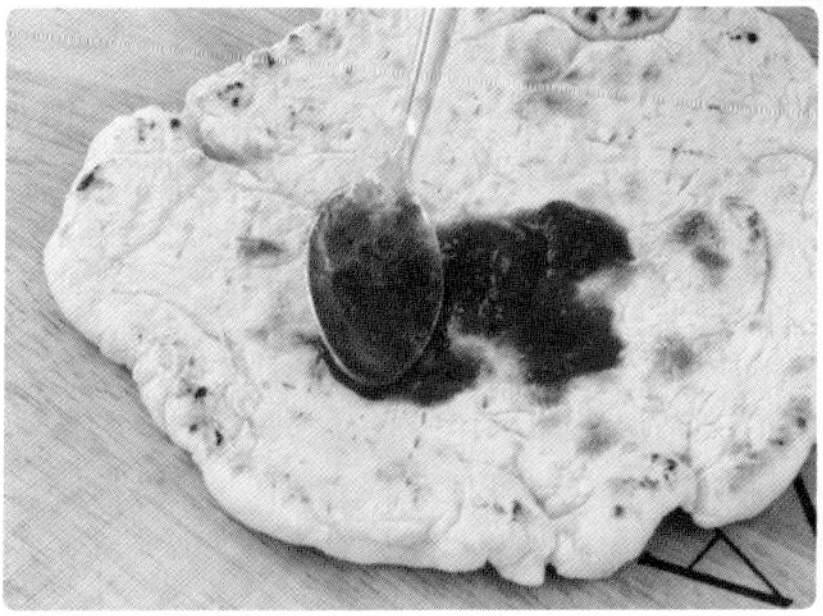

28 生地の焼けた面に、スプーンを使ってピザソースを塗ります。

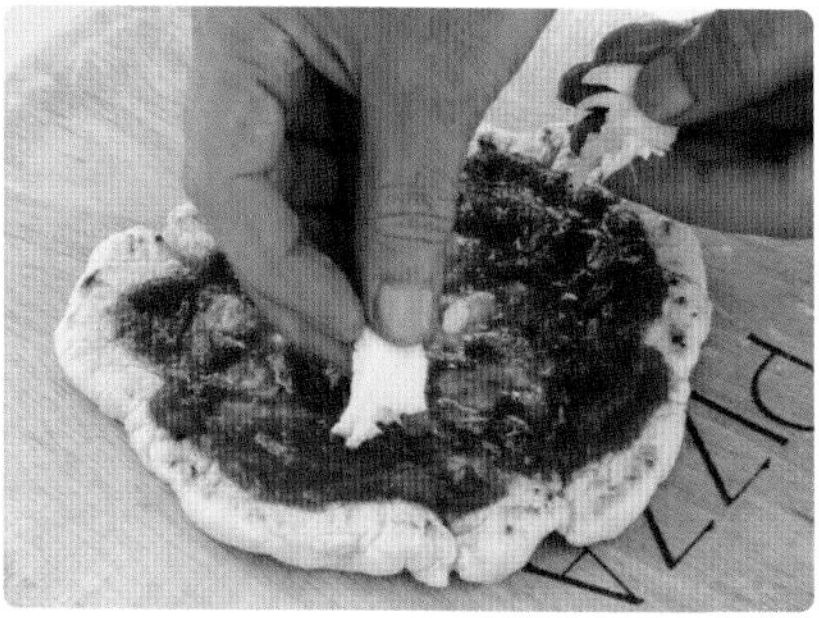

29 モッツァレラチーズをちぎり、適量をのせます。シメジなど生の具材をのせる場合は、あらかじめ焼いておきます。

30 鍋蓋を開け、シートの上に生地をのせます。

31 蓋を戻して、1～2分程度焼きます。

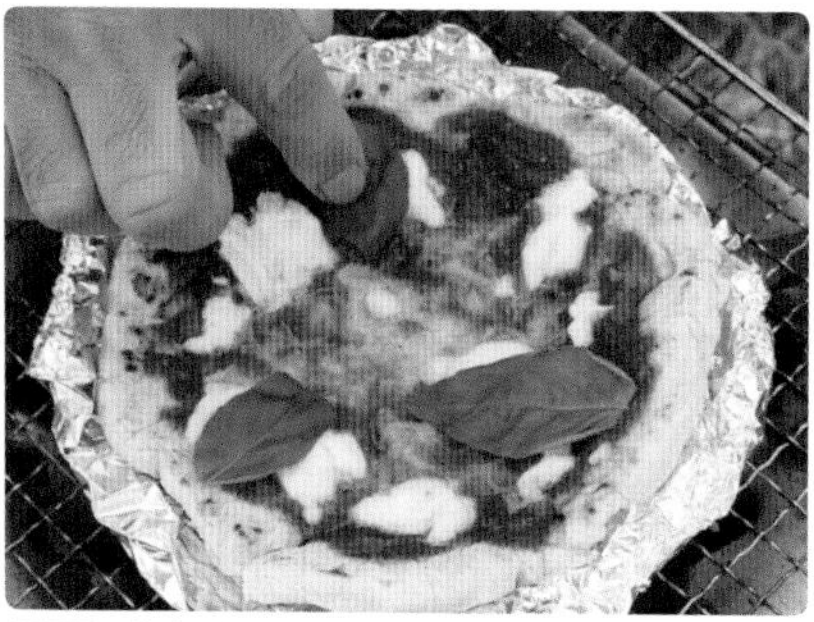

32 蓋を開けて、バジルリーフをのせます。再び蓋をして、約30秒焼きます。

33 焼き上がったピザをまな板の上に置き、ピザカッターやナイフでカットしましょう。

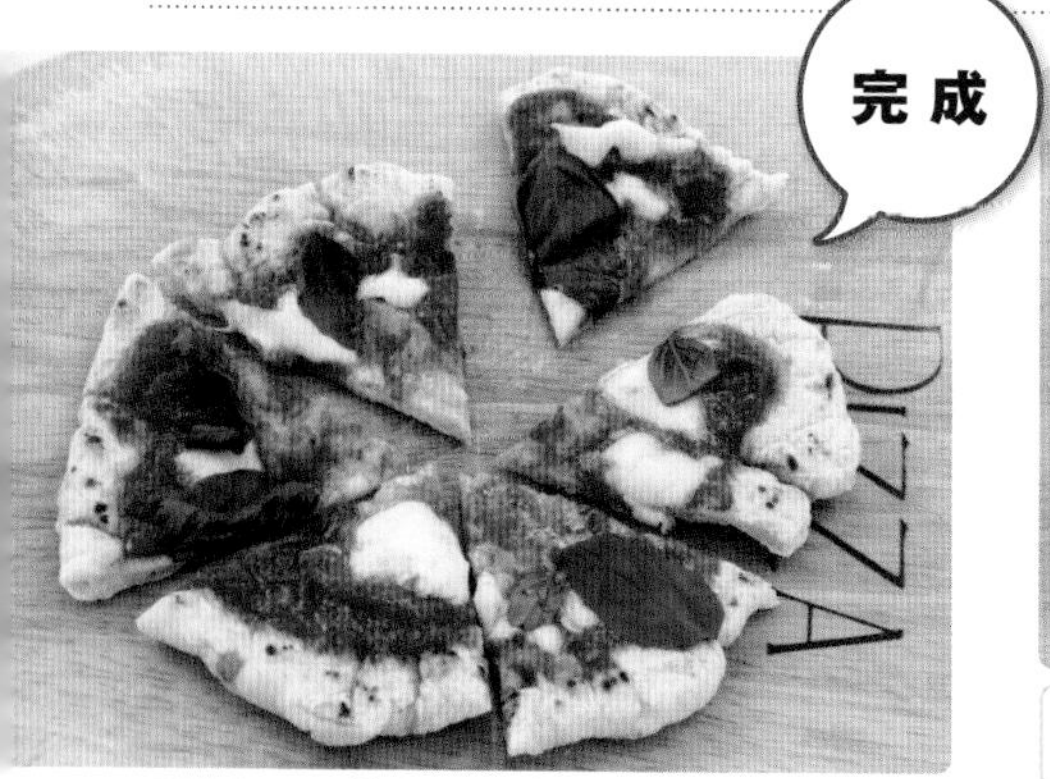

34 マルゲリータの完成！

※土鍋の蓋を利用して焼く方法を紹介しましたが、陶器製のコンパクトなピザ窯や、アルミ製の簡易な製品などがあり、どちらも七厘の上に直に置いて使用できます。陶器製の窯はガスレンジで使用することを想定した製品ですが、七厘上で使用しても問題ないでしょう。

土鍋のフタを使う

七厘レシピ❻ つぼ焼き風焼き芋

七厘で、つぼ焼き風の焼き芋を作ることができます。作り方は簡単で、さつま芋にアルミホイルを巻き、七厘の中に置くだけ。土鍋の蓋をしてつぼ焼き風に仕上がります。つぼ焼き芋は本来60~70℃程度の低温で長時間かけて焼き上げるようですが、そこまで待つのは大変なので、高温で比較的短時間で美味しく作れる方法です。

1 中程度の火力の七厘の中に、アルミホイルで包んださつま芋を置きます(今回はねっとり系の「紅はるか」を2本使用)。

2 内側にアルミホイルを貼りつけた、土鍋の蓋をかぶせます(芋をアルミホイルで包むので水滴ガードは不要です)。

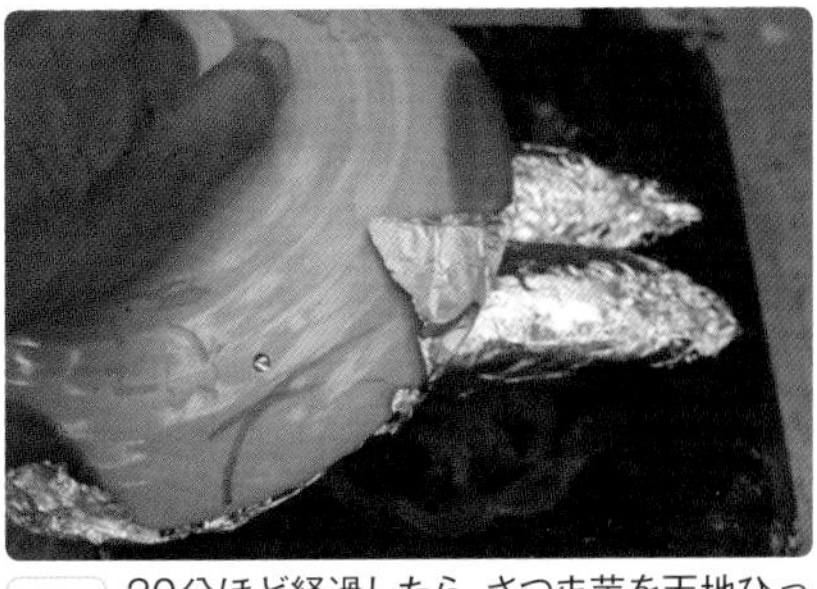

3 20分ほど経過したら、さつま芋を天地ひっくり返して、さらに20分程置きます。

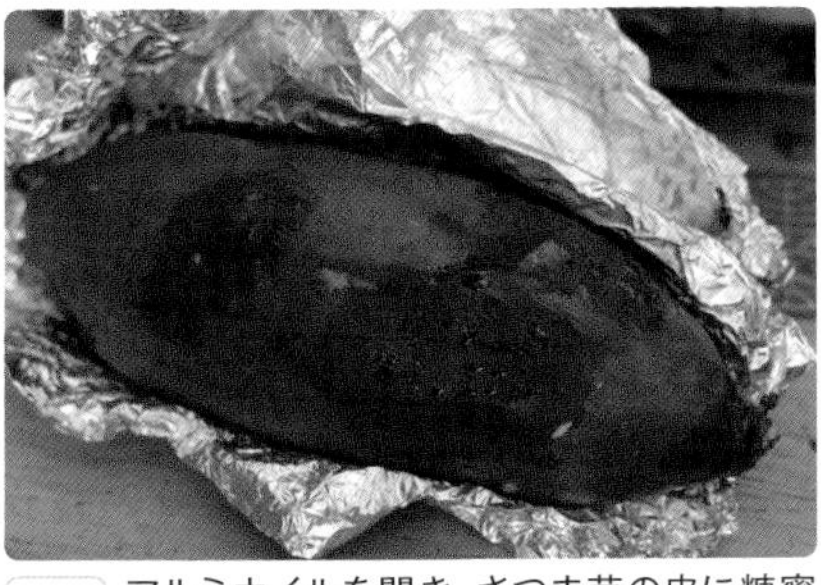

4 アルミホイルを開き、さつま芋の皮に糖蜜が染み出し始めていたら、香ばしくもねっとり甘く美味しい焼き芋の完成です(それ以上焼くと、糖蜜が外側に出てしまいます)。

テボを使う

七厘レシピ⑦ 七厘焼きそば

テボを使って麺を茹でるのではなく、焼きそばを焼いてみよう!

[必要な材料・道具]

- うどん用テボ（目の粗さで選択したもの）
- 焼きそば 1人前
- ソース（付属の粉末スープ） 1人前
- 豚肉 50g程度
- キャベツ 1枚程度
- もやし 1/3袋程度（なくてもよい）
- 塩・胡椒 少々
- 紅ショウガ、青のりなどをお好みで

1 キャベツを食べやすい大きさに切ります。

2 豚肉は軽く塩胡椒してから焼き、お皿などにあけておきます。

3 p.40～41を参考に、火加減を中火にします。

ここがポイント!

4 テボにキャベツとモヤシを入れて火に近づけ、テボを振りながら焼きます。

5 ほどよく焼けたら、ほぐした麺を加えて焼きます。

6 テボを振ったり、箸で具材をかき混ぜながら、均一に火が通るように焼きます。

7 炒まってきたら、ソースを加えて振りながら混ぜ合わせます。

8 ②で焼いておいた肉を加えて、軽く混ぜ合わせます。

完成

9 お皿に盛り、お好みで紅ショウガや青のりをのせたら完成です。パリッとして美味しいですよ。

焼きそばと同様にテボを
使い、さらに炭火に近づ
け豪快に焼きます。

テボを使う

七厘レシピ❽ 宮崎風炭火焼き鳥

[必要な材料・道具]

- うどん用テボ（目の粗さで選択したもの）
- 鶏もも肉のこま切れ 100~200g程度（地鶏で親鳥であれば、本場の味に近くなります）
- 塩 少々
- 胡椒 少々

1 鶏肉に塩胡椒します。

2 塩胡椒した鶏肉をテボに入れます。

3　強火の炭火にぴったりと近づけ、テボを振りながら焼きます。

4　箸などで混ぜ、全体に均一に火が通るようにします。

5　鶏の油で炎が上がることもありますが、そのまま振りながら焼きましょう。

ここがポイント!

6　焼け焦げないように注意しながら、炭がついて黒くなるまで焼きます。

完成

うまく炭色がついて焼けるのが理想ですが、焦げてしまうと台無しなので、程よいところを見極めましょう。あの名物に似た、宮崎風炭火焼き鳥を楽しんでください!

その他いろいろ

七厘レシピ⑨ 手焼き煎餅

焼きたての煎餅の旨さを味わえる、アウトドアにおすすめのおやつです。生地を作るのに手間がかかりますが、家で作る場合は電子レンジを使い、楽に作ることもできます。

※生地の天日干しに2〜5日かかるので、生地は焼く日よりも前に、あらかじめ作っておきましょう。

[必要な材料・道具]

道具

- コッヘル(または鍋)
- アルミホイル
- まな板(シートでよい)
- キッチンペーパー(のばし用)適量
- 麺棒(なくても何とかなります)
- 冷蔵保存用袋(まな板でこねない場合のみ)
- ザル(乾かし用、バットでもよい)2枚程度
- ネット(鳥よけ、無くてもよい) 適量
- 洗濯ばさみ(ネットを止める用、無くてもよい) 適量
- 深皿やボールなど(こね用)
- ヘラやフライ返しなど(押さえ焼き用、なくてもよい)

材料

- 上新粉 1袋(220g)(煎餅約20枚分)
- お湯 200〜220cc(1カップ〜1カップと1/10)※気温や湿度により調整
- 醤油 少々

生地作り

1 上新粉(ここでは220g)とお湯を合わせ、混ぜてひとまとまりになるまでよくこねます。まとまりにくい場合は、お湯を少量足します。

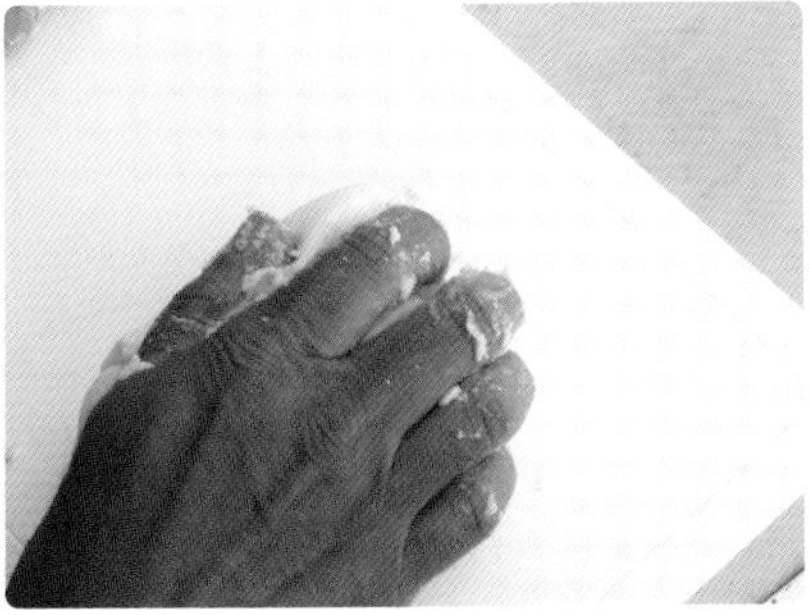

2 まな板などの上でこねてもよいです。

3 鍋に水を張り、皿状に成型したアルミホイルを入れ、その上に小分けした生地を置きます。

4 鍋を網の上に置き、このように隙間が空くように蓋をし、30分程度蒸かします。

5 蒸かし終わったら鍋から出し、すりこぎ棒または麺棒で餅つきのように突いては折り返してをくり返し、なめらかにします。

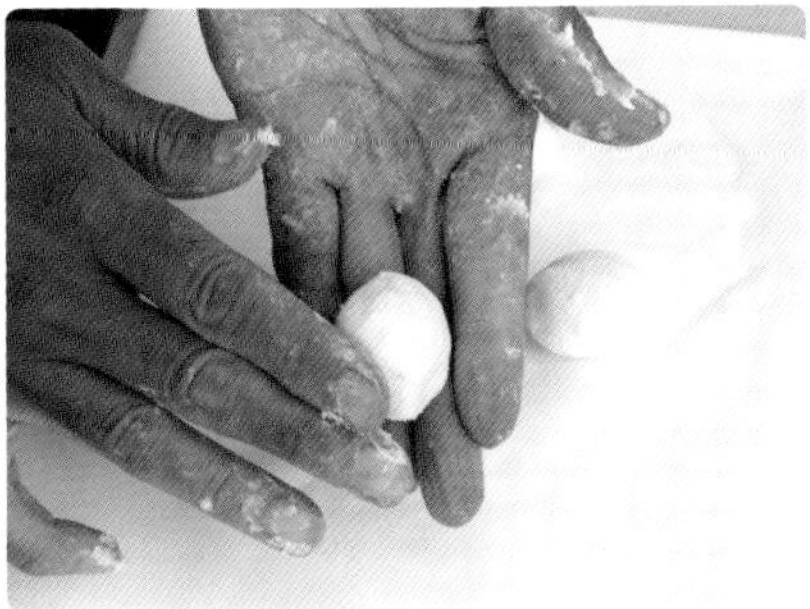

6 水につけて冷ましてから、水分がなくなるまでこねます。その後、20等分くらいに小分けして丸めます(このまま焼けば串団子です)。

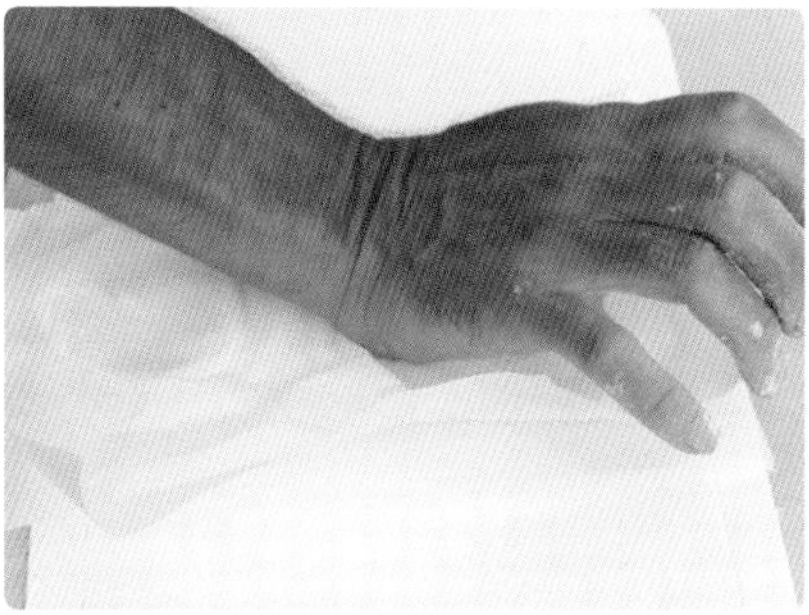

7 まな板などの上にキッチンペーパーを敷き、その上に小分けした生地をのせます。

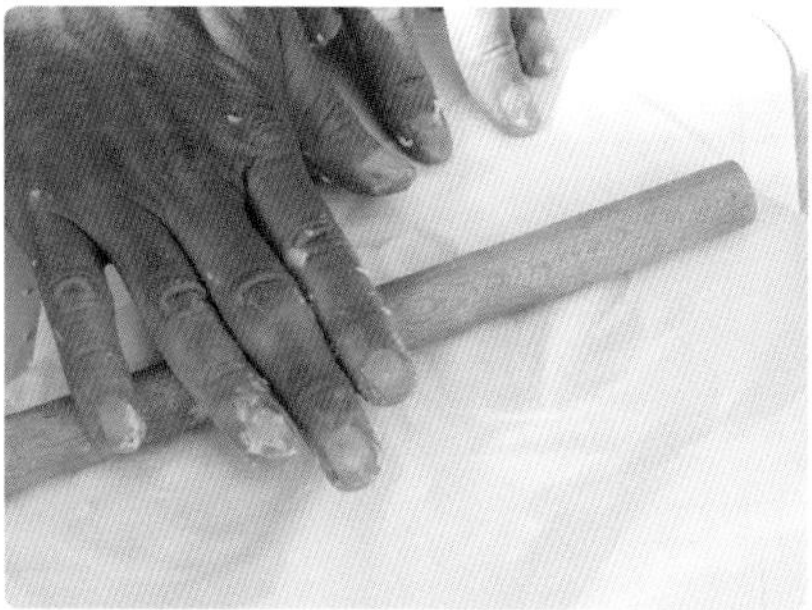

8 キッチンペーパーを上からかぶせて手で押し広げ、煎餅の大きさにします(麺棒を使うと楽に広げられます)。厚さ2~3mm程度にのばしましょう。

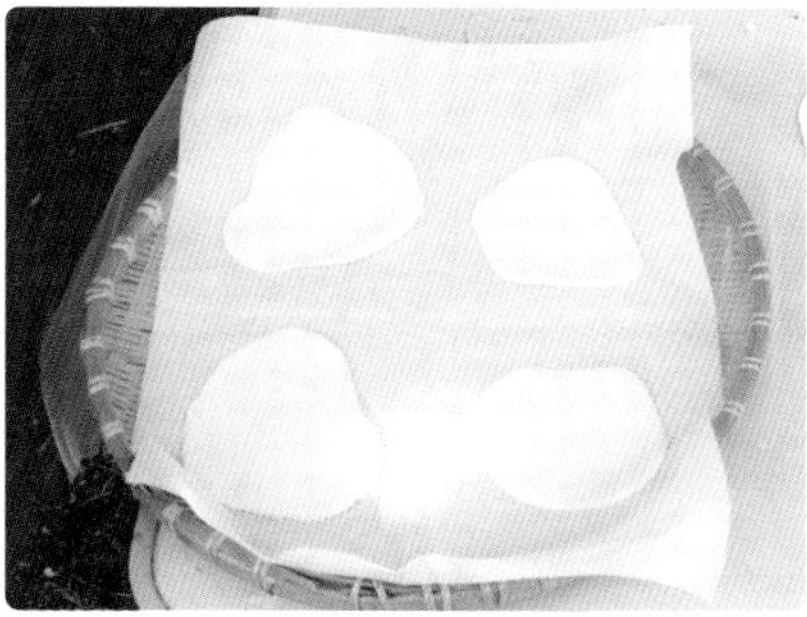

9 全てのばしたら、キッチンペーパーにのせたままザルなどの上にのせます。

10 外に干す場合は、鳥除けにネットなどをかぶせて洗濯バサミなどで押さえておきましょう。

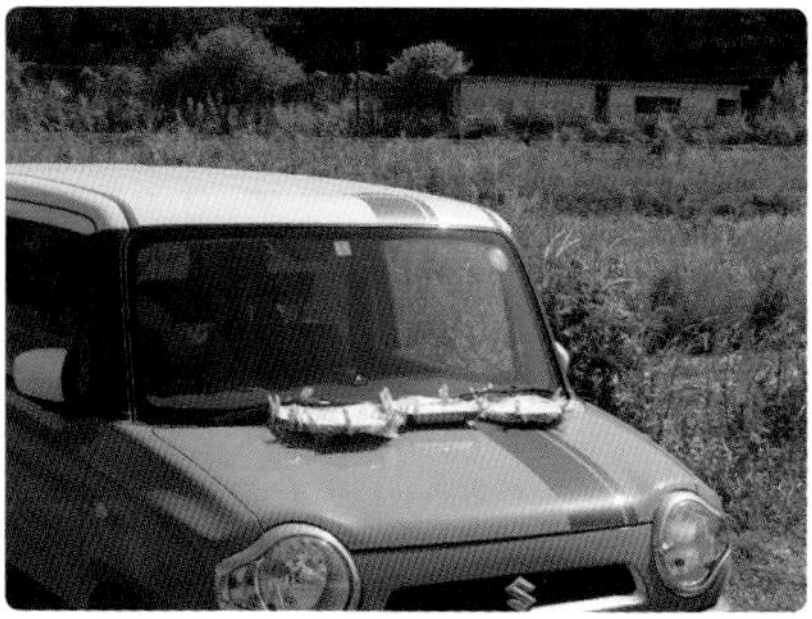

11 風通しのよい場所に置いて、天日干しします。湿度や天候に左右され、2~5日程度で干し上がります。

ここがポイント!

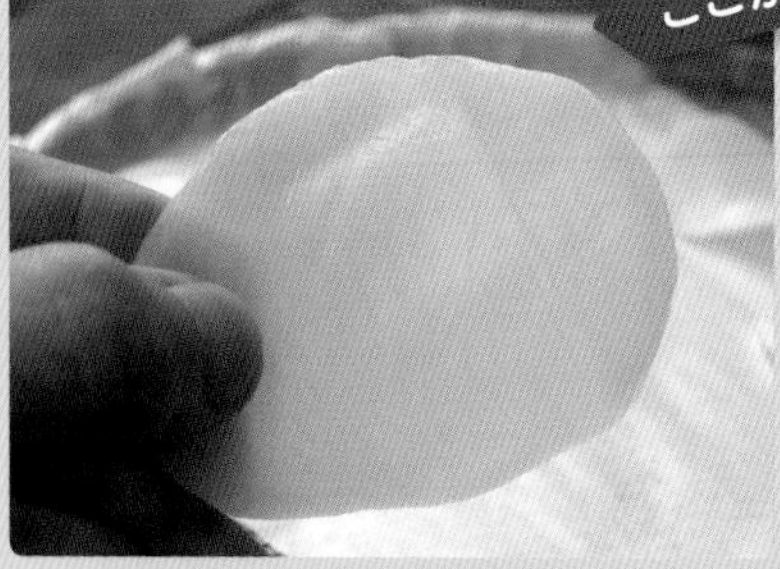

12 このように、生地がやや透き通るようになったらOKです。干しすぎると、生地にヒビが入って割れてしまう場合があります。
※写真は夏、薄曇りで2日干したもの

焼き

13 網に置いて焼きます。最初は弱火で生地を温め、温まったら中火にしてひっくり返しながら焼きます。

14 反り返りが気になる場合は、ふくらみかけの時にヘラやフライ返しなどで上から押さえながら焼くとよいでしょう。

袋でこねる場合

冷蔵保存用袋で生地を作る場合、袋に上新粉とお湯を入れてスプーンなどで混ぜ合わせ、袋をしっかり閉じて手で粉がなくなるまで揉みこみます。その後、③～④と同じように蒸かし終わったら再び袋に入れて、柔らかくなるまで空き瓶などを使い叩きます（または揉みこみます）。

家でレンジを使う場合

電子レンジで作る場合、③で鍋ではなく耐熱皿に入れラップをふんわりかけて600Wで3～4分加熱します。※加熱し過ぎると固くなって突きにくくなります（レンジによりバラつきがあるため2分程度加熱したら様子を見る）。麺棒で餅つきのように突き、折り返してなめらかにします。

15 ふくらんできて少し焼き色がついたら、醤油につけてから軽く炙れば完成です。
※醤油はハケで塗っても皿で浸しても、スプレーしてもよいので楽な方法で！

完成

16 パリッと香ばしくて美味しいですよ。
※醤油をつけてから焼き過ぎると、苦くなってしまうのでご注意を！

七厘レシピ⑩ 焼きつけC&C

スティック・ナンなどをカレー&チーズにつけて食べる、オシャレな七厘メニューです。

［ 必要な材料・道具 ］

- ナン生地（p.66「七厘ピザ」の生地と同じ材料。分量は作りたい分に合わせて）
- レトルトカレー
- モッツァレラチーズ
- 好きな具材
- バター
- ガラムマサラ（なくてもよい）
- シェラカップ

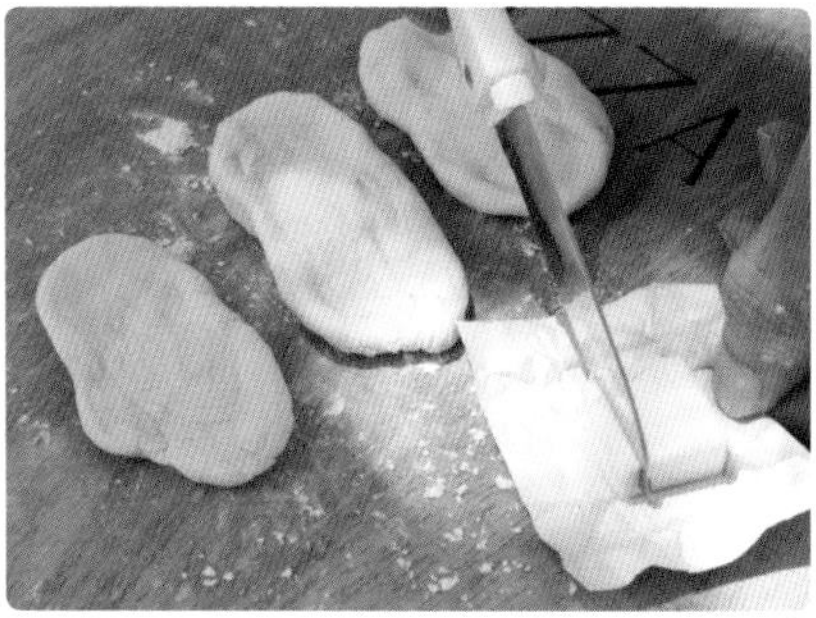

1 スティック・ナンを作ります。p.67〜68の①〜⑩と同じ手順で生地を作り、小判型に広げて、中央に少量のバターをのせます。

ここがポイント!

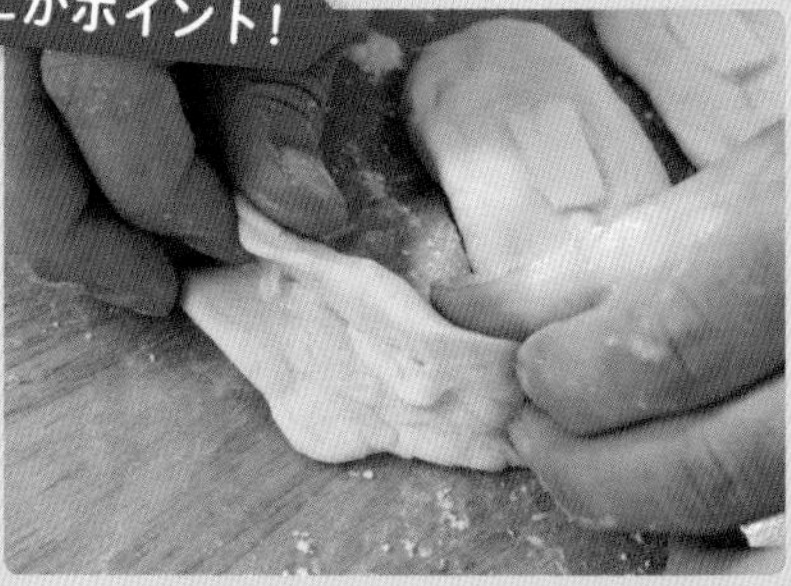

2 生地の端を持って、バターを包みます。

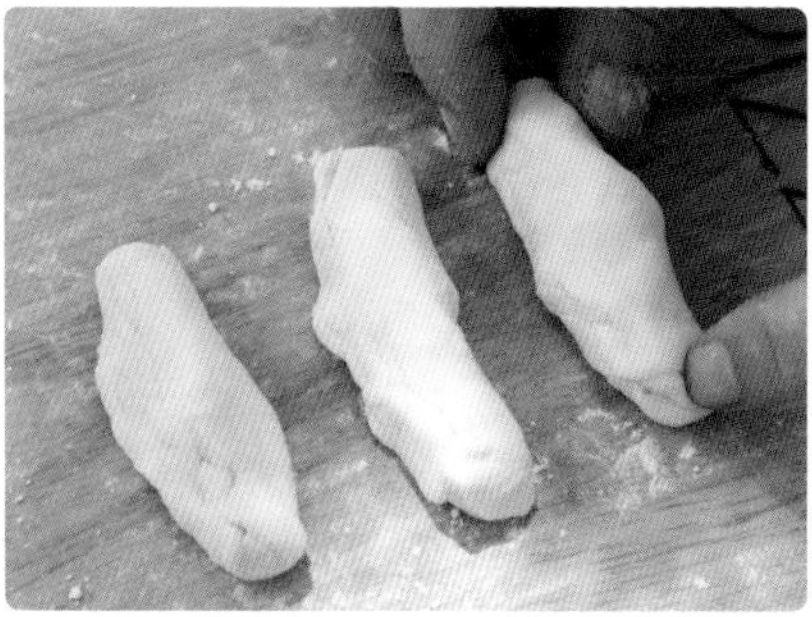

3 生地の合わせ目をしっかり閉じてから、スティック状に整えます。

4 サーモンやマッシュルームなどの具材を網にのせ、焼きます。シェラカップの半分にチーズを入れ、具材と一緒に温めます。

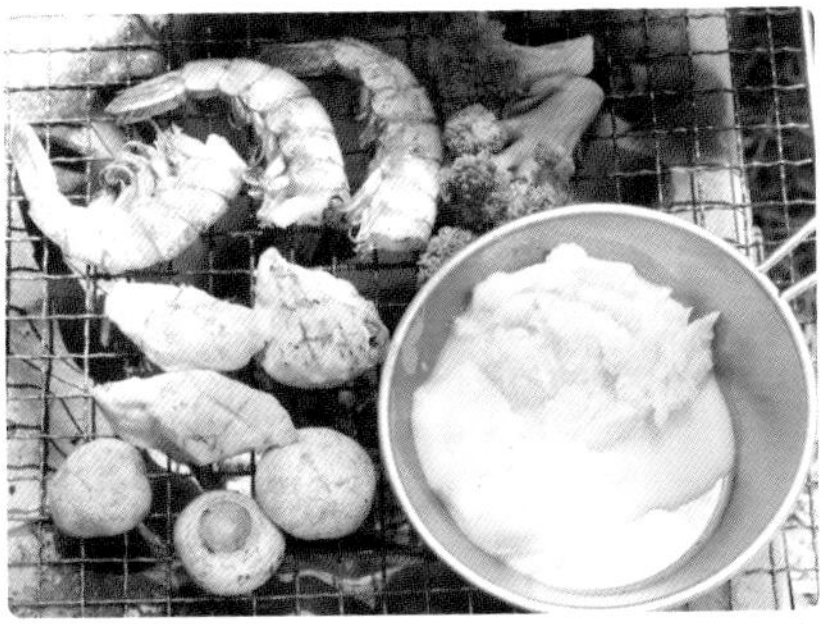

5 具材に焼き色がついたら、ひっくり返します。チーズが溶けたら、カップを傾けて寄せ、カレーを入れるスペースを作ります。

6 スティック·ナンを網にのせ、焼きます。

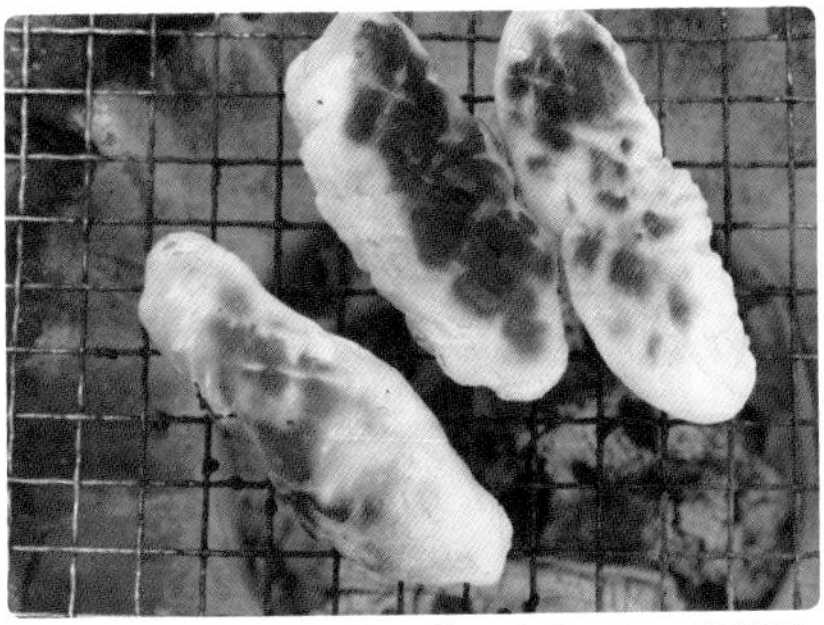

7 焼き色がつくまで焼いたら、ひっくり返します。

ここがポイント!

8 シェラカップにレトルトのカレーを入れた後、仕上げに「ガラムマサラ」を振りかけると香りに臨場感が増します!

完成

9 スティック·ナンと具材をカレー&チーズにつけて、フォンデュ風に楽しみましょう!(市販の冷蔵ナンやバゲットでも楽しめます)

シイタケのダイヤモンド焼き

シイタケを焼いて醤油を垂らして食べるのも美味しいですが、ここでは宝石のような煌めきも楽しみましょう。

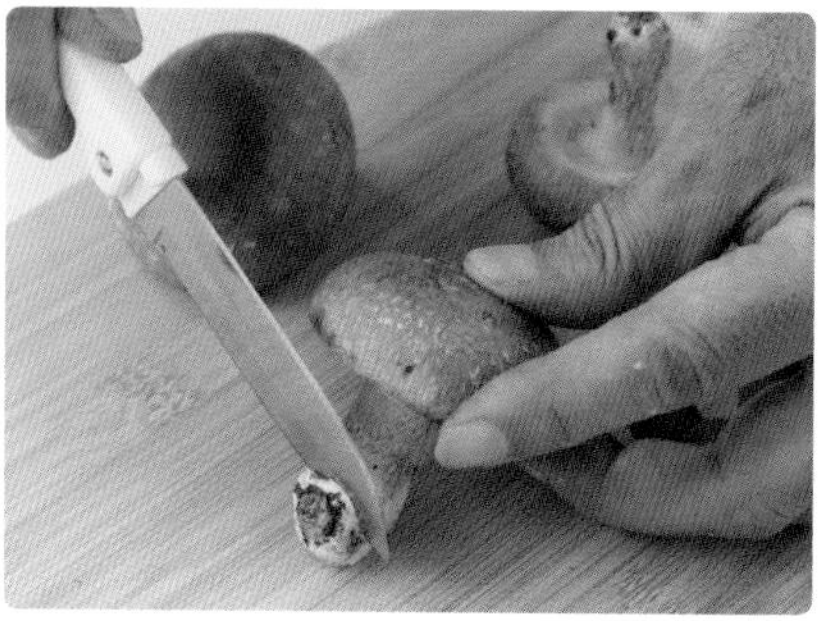

1 シイタケの石づき(原木と接していた黒く硬い部分)を切り落とします。

2 次に、軸も切り落とします。軸は串に刺すなどして、別で食べるのがオススメです。

3 p.51を参考に、シイタケに塩を振ります。

4 軸のあった方を上に向けて、網にのせて焼きます。

5 中火でしばらく焼くと、塩に水分がつき始めて宝石のようにキラキラしてきます。夜は照明が反射して輝きが増します。

缶詰

缶詰を温めると、中のコーティングが溶け出す可能性があるのでご注意を。

牡蠣

牡蠣は殻ごと焼きます。食べ終わった殻は別のものを焼いたり、保温皿に使ったりすることができます。

ホイル焼き

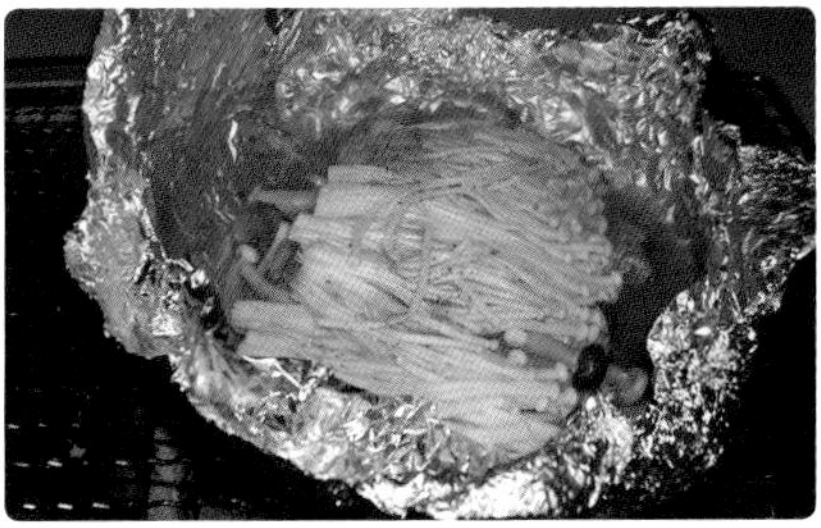

鮭や、茸をバター醤油炒めするのも美味しい。
※その他好きなものを色々と焼いてたっぷりと楽しみましょう。

さんが焼き

鰯や鯵の身に、酒、味噌、ネギを加えて叩き、薄いハンバーグ状に整えて大葉をのせホイル上で焼きます。

焼きおにぎり

両面焼いたら、皿を使って醤油に浸した後、網の上で焼きながら追い醤油を垂らし、火香と生醤油の味のハーモニーを堪能。

冷蔵、チルド、冷凍食品など

冷凍のフライもカリッと焼けます。他の食品もいろいろと試してみましょう（中には合わないものも！）。

COLUMN

魚はどちらから焼く？

魚の焼き方については、「海背川腹」と言われることもあれば、「海は身から川は皮から」と言われる場合もあり、どちらが正しいのか、わからないという人も多いでしょう。ここでは七厘での焼き方として、"目の前で焼いて食べる"ことに主眼を置いた焼き方を紹介します。

ズバリ、"皿に置いたときに上になる方から"焼きます。川魚、海魚に関係なく、そうします。干した開きの魚でも同じです。その理由は、よい焼き色で仕上がった方が美味しそうに見えるからです。「どちらから焼いても同じじゃないか」と思うかもしれませんが、違うのです。よい色で焼けた魚は、すでに身に7割程度の火が入っています。それから、ひっくり返して焼き目を気にせずにふっくらと焼いたら完成です。ひっくり返してからも焼き目を気にすると、焼き過ぎてしまう可能性が高くなります。シシャモなどの小魚であれば、簡単に両面がよい焼き色でふっくら仕上がりますが、大きい魚は難しいので、反対側の焼き目は気にしない方がよいでしょう。

では、秋刀魚の場合はどのように判断すればよいのでしょうか？ その場合は、**"おもてなしの心"で焼きましょう**。お頭付きの魚を食べる時は、頭のまわりの身が箸で取りにくいので、右利きの人にとっては頭が左側にある方が断然食べやすいです。従って、最初に焼くのは秋刀魚の泳ぐ方向で言うと左側になります。もしもテーブルを囲む中に左利きの人を発見したら、逆から焼いて右側に頭がくるようにお皿にサーブしたら涙モノですね。あれ、気が付いてくれないかな？

ホッケなどは皮が硬く、身を上にした方が食べやすいので身から焼きます。

まだまだある!

七厘の楽しみ方

SECTION 4

これまでは、食材を網焼きなどで楽しむことが中心でした。ここではそれ以外のさまざまな七厘の活用法を紹介したいと思います。

「七厘焙煎」

[必要な材料・道具]

- 好みの生豆
- 煎り網（底に凹凸をつけた網だと、豆が回転しやすく焼きムラを減らせるので最適。七厘開口部におさまるサイズ）
- 新聞紙など（焼けた豆をのせて冷ますため）
- コッヘル（湯沸かし用）
- 携帯用ミル（アウトドアでは小さい方がよい）
  ※極力荷物を減らしたい場合は、ミルの受け部分を外して直接ペーパーで受けるのも手です。
- カップソーサー（アルミ線で自作してもよい）
- ドリップ用ペーパー（滴下せずに流れてしまうペーパーもあるので注意）
- カップ

七厘で珈琲豆を焙煎し、自分オリジナルの珈琲を楽しめます。焙煎には、マングローブ系の炭は向いていません。流木を燃やして食材を焼いた時とまでは言いませんが、それに似た独特な香りが豆についてしまいます（食材を焼いた直後も匂いがつく）。本来は、焙煎してからスモーキーフレーバーが消えてくる2～3日後が飲み頃なのですが、炭焼き特有のフレーバーを楽しむのも、アウトドアの醍醐味です。

豆を煎る

1 七厘の火力を中火～強火に調整し、生豆50～60g程度（煎り網に平らに広がる程度）と煎り網を用意します。

2 生豆を煎り網に入れます。一度に煎る豆は少なめの方が、焼きムラができにくいです（少し慣れたら100g程度までなら一度に焼けます）。

3 （温め）生豆を入れた網を七厘の口に入らない程度の位置で、細かく左右に振り続けます。　※網の凹凸によっては前後に振ります

（焼き開始）豆が温まったら、七厘の口に入る程度に近づけます。炭から炎が出ないように、p.41を参考に通気口を操作して火加減を調整します。炎が出ている間は、豆を火に当てないよう離します。 4

5 このまま20分程度、根気よく振り続けます。豆が温まり、色が薄緑から薄茶色に変化し始めると、薄皮がはがれ出します。

6 はがれた薄皮は、時々、新聞紙の上などに息を吹いて飛ばします。

7 そのまま煎り続けると、徐々に色が茶色に変わり、パチパチと爆ぜ始めます。豆からは少し煙も出てきます。

8 爆ぜ始めると、次第に色が濃くなります。ここからの変化は速いので、焦がさないよう注意して、好みの焼き加減になるまで続けましょう。

※シティーロースト：日本上陸したコーヒー店で多い、中深煎り
フルシティーロースト：シティーローストよりも深煎りで、酸味よりも苦味が強く感じられる

9

好みの焼き加減になったら、網を七厘から外します。外した後も多少焙煎は進行します。
※表面にオイリーな艶が出始める頃は、シティーからフルシティーロースト（※）あたりです。

10

豆を新聞紙の上に広げて、すぐにうちわであおいで冷ましましょう（新聞紙のインクが気になる場合は、ザルや模造紙などを使いましょう）。

淹れる

11

コッヘルに水を入れ、お湯を沸かしておきます。お湯が湧いたら、少しカップに入れて予熱しておきましょう。

12

豆が冷めたら、早速試飲してみましょう。キャンプ用のカップでたっぷり飲む場合、豆は一杯で15g程度(2つかみ)挽きましょう。

13

携帯用ミルに、焼いた豆を入れます。

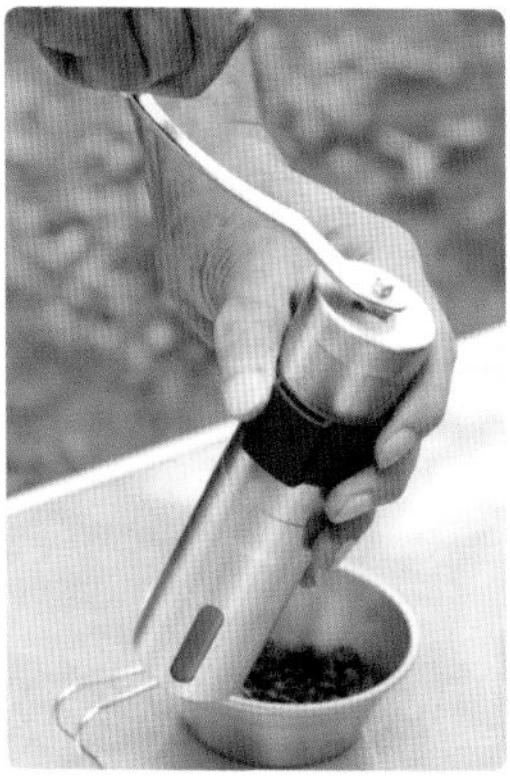

14

ミルのハンドルを回して、豆を挽きます。

15 挽き具合を調整する時は、ミルの内側のツマミを回します。一般的に粗挽き(薄味) ～細挽き(濃味)です。

16 カップにカップソーサー(ここでは自作したものを使用)とフィルターをセットし、フィルターに挽いた豆を入れます。

17 50cc程度のお湯を、豆全体に湯が染みわたるように回し入れます。

18 注いでから20秒程度蒸らしたら、豆がふくらんできます。お湯を適量になるまで2～3回に分けて、ゆっくりと注ぎましょう。

完成

ゆっくり、挽き立ての珈琲を堪能しましょう。挽き立ての香りはたまりませんね。余った焙煎後の豆は冷蔵庫、さらに一週間以上保存する場合は冷凍庫に入れておくとよいでしょう。

「コッヘル炊飯」

［ 必要な材料・道具 ］

- コッヘル 1個
- 新聞紙 1枚
- 米 1合

アウトドアでは定番のコッヘルを使って、七厘でお米を炊く方法です。昔から「初めチョロチョロ中パッパ、赤子泣いても蓋取るな」と言われますが、コッヘルで炊く場合も基本は同じです。

コッヘルで米を研ぎ、水を切ります（水は完全に切らないで、少し残る程度でよい）。

1

水200ccを入れ、20分置いて水を吸わせます（①の後にザルなどで水切りすると、200ccでは足りなくなります）。

2

3 七厘の火力を強火にしてコッヘルを置き、沸騰させます(初めチョロチョロの部分は省略して中パッパです)。

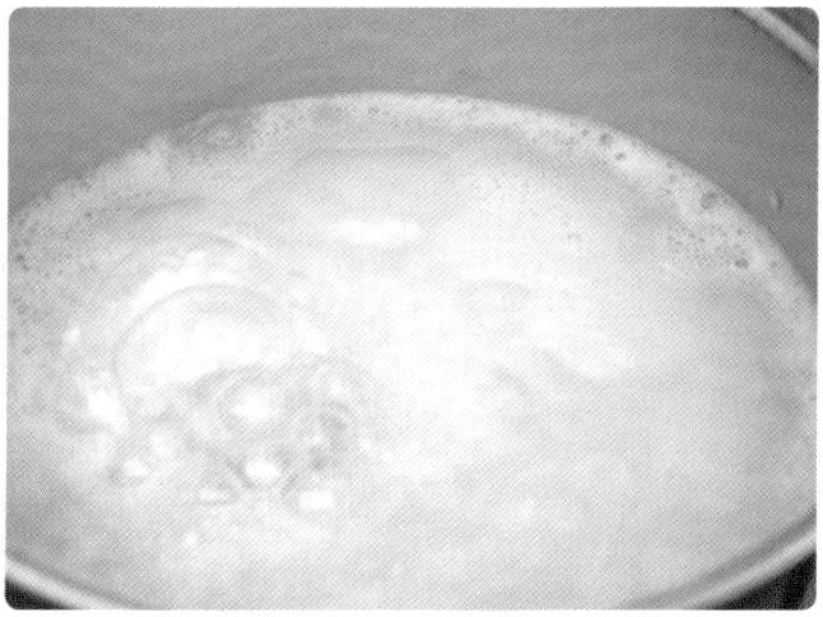

4 沸騰したら弱火にします(バーナーでいう最小:鍋底に炎がゆらりと当たる程度)。※この段階で蓋を開け中を確認するのは問題ありません

5 火にかけてから20分経過したら七厘から外し、新聞紙で包み蒸らします(ここから、「赤子泣いても蓋取るな!」に入るので従いましょう)。

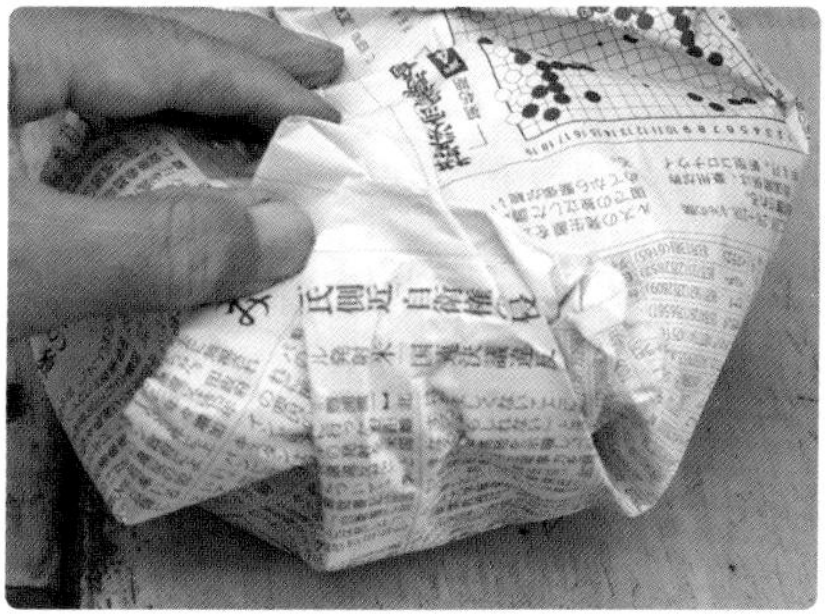

6 もしも寒い時期であれば、新聞紙で包んだコッヘルをさらに寝袋などに入れ、そのまま20分放置します。

完成

蒸らしている間は、蓋を取らないようにしましょう。コッヘルの薄い底に焦げがこびりつくこともなく、お米が立ってふっくらと美味しく炊けます。この炊き方は、**200cc、20分、20分、20分**、なので覚えやすいと思います。

いろいろな場所で楽しむ

七厘を楽しむことができる場所には、どんなところがあるでしょうか。いろいろな場所で楽しんでみて、お気に入りのスポットを見つけてみましょう。

バーベキューコンロや焚き火はできる場所が厳しく制限されますが、七厘は比較的幅広い場所で楽しめます。七厘火を使ってよいかわからない場合は、ホームページを確認したり管理事務所に問い合わせるなどして、必ず事前に確認してから行くようにしましょう。

行った先のスーパーで食材を購入する時などには、それぞれが焼きたいものを自由に選んで買い物カゴに入れるなど、遊びの要素をプラスするのもよいですね。あるいは、みんなで選んだ食材にまつわる面白い話をしたり、おやじギャグで締めくくってみたりするなど、自分たちならではの楽しみ方を模索してみるとよいでしょう。

海岸で

海岸の砂浜では基本的に、七厘や焜炉の使用が認められています（直火はNG）。ただし、シーズンによって変わる場合や、一部エリアでは使用が禁止されている場合もあるので、事前に確認を取った方が無難でしょう。

海風を感じながら自分で焼いた食材を楽しむのが最高！

河川敷で

河川敷も基本的に、直火でなければ火の使用が可能です。ただし、近頃は感染症予防のために河川敷でのバーベキューを禁止している県や自治体もあるので、注意が必要です。

キャンプ場やバーベキューができる公園なども、七厘を楽しむのにおすすめの場所です。

自宅の庭やテラスで

自宅の庭やテラスでも、七厘が使用できないかを考えてみましょう。屋内で七厘を使用する場合は、一酸化炭素中毒の危険があるので、必ず充分に換気をしましょう（p.42参照）。

近所への配慮を忘れないようにしましょう。

倉庫や小屋で

しばらく使っていなかった倉庫や小屋などに、好きな食材を持ち寄って楽しむのもおすすめです。また、山小屋や別荘で休暇を過ごす時にも、七厘はうってつけです。

時間を気にせずに楽しめる場所を探してみましょう。

プラスワンで **無限大**

ジンギスカン鍋やタコ焼きプレート、コンビニのアルミ鍋ものせる、フライパン（キャンプ用、家庭用）を使う、流行りのホットサンドメーカーやメスティン、スキレットを使う…そこまでいくと楽しみ方は、もはや無限大です。

たこ焼きプレート

生地よりも先に具材を入れると、仕上がりが鮮やかになります。場所による温度差があるので、入れ替えて焼きましょう。

フライパン

火力が強いので、チャーハンもパラパラ。醤油は鍋肌じゃなく、ご飯を除けて中央に！パラパラ過ぎたら最後に日本酒を入れ、しっとり感を！

よく野菜が残ってこびりつくことがあると思いますが、七厘の場合は鍋の周囲の平らな部分が炭火の上にこないので、野菜を避難させられます。

ジンギスカン鍋

少人数の場合や羊肉が苦手な人は、ラムの網焼きがおすすめ（網焼きの方が、羊肉特有な香りが気になりません）。櫛切りの玉ねぎも網焼きにして、半生のところにやや厚切りの網焼き肉をのせて食べると、辛みが食欲を増して美味しいです。

七厘の可能性を広げる**活用法**

七厘陶芸

窯を持っていなくても、七厘があれば陶芸ができます！七厘の上に陶芸品を置いて徐々に温度を上げ、終盤では送風機などを通気口にあてて高火力で焼き上げる方法です。多くの愛好家がいる陶芸手法であり、専門書も数冊出ています。一般的な陶芸では、焼きの工程で何日もの時間がかかるところ、七厘を使うことにより短時間で仕上げられることが特徴です。焼き窯を置く場所が不要で、高価な窯を購入しなくても手軽に陶芸を楽しめるところも魅力的です。

窯を使わずに焼き上げるという点は、縄文土器などを造るのに用いられていた「野焼き」という方法に似ています。炭の灰が釉薬の代わりになるため、七厘陶芸らしい自然な仕上がりが期待できそうです。なお、七厘陶芸は炎を上げてかなりの高火力となるため、七厘への負担も大きくなります。調理用とは別に、陶芸用の七厘を用意した方がよいでしょう。

七厘発電

気体を加熱・冷却して膨張と収縮の力を得る「スターリングエンジン」を使った発電方法です。これを実際に七厘に取り付けて試した、墨田区の松葉さん（※1）にお話をうかがいました。まずは、熱を取り入れるために七厘本体にドリルで穴を空けたそうです。そこに、スターリングエンジンの先を差し込み準備完了。七厘で火を起こし、スターリングエンジンの起動ハンドルを手で回して起動させると、LEDランプが点灯するようです。残念ながら、スマートフォンの充電は無理とのことです。

次に松葉さんが試したのが、「発電鍋」です。発電鍋は、異金属間で温度差があると電子が流れる（ゼーベック効果 ※2）事象を利用して、その仕組みを片手鍋に組み込んだものです。スターリングエンジンのように音が出ず、スマートフォンへの充電も可能のようです。

料理を作りながら発電もできる画期的な発明品ですが、現在は販売されていません。最近では、同様に熱を利用した発電方法で、非常用電源を確保できる車載型が実働しました。今後も災害に備えた多種多様の装置が期待されます。

※1 (株)ラムス代表
※2 ゼーベック効果を利用した例として、古くから電子温度計などがある。

松葉さんによる、スターリングエンジンを利用した七厘発電の様子

発電鍋

COLUMN

七厘の上座と下座？

七厘を囲む席においても、「上座」・「下座」の区別があるでしょうか？下の図を見て想像してみてください。会社などの行事でない限り（いや行事だとしても）、アウトドアの世界でまで上座・下座などという礼儀は意識したくないですよね。ここでは、七厘で食事を楽しむ場において、席によってどのような楽しみ方があるかを説明してみます。

下の図のA,B,C,Dで、食材の焼き手が座る位置はどこがよいでしょうか。七厘の正面には通気口があるので、「C」か「D」に座らないと、うまく火力調整ができません。次に、焼き手の人が右利きの場合、「D」の位置では焼きにくいでしょう。従って、「C」の位置が適していると言えます。焼き手がこの位置に座ることで、調理のパフォーマンスが向上します（右下の絵）。続いて「D」の位置は焼き手の隣になるので、助手や手元役など、焼き手の人をサポートしてくれる人が座るとよいでしょう。

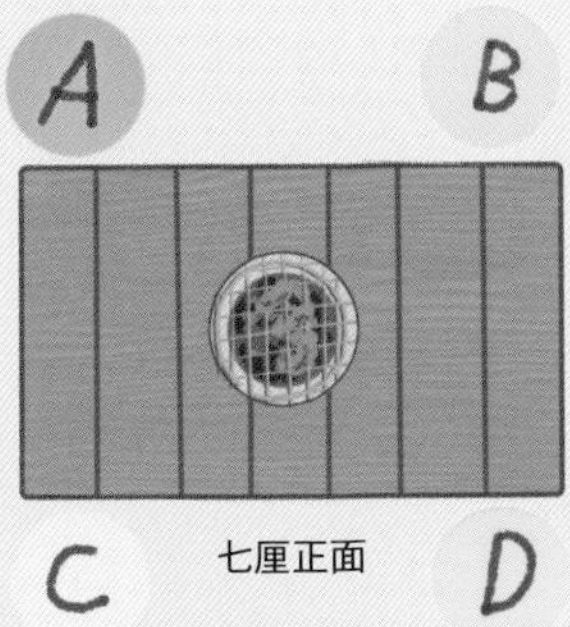

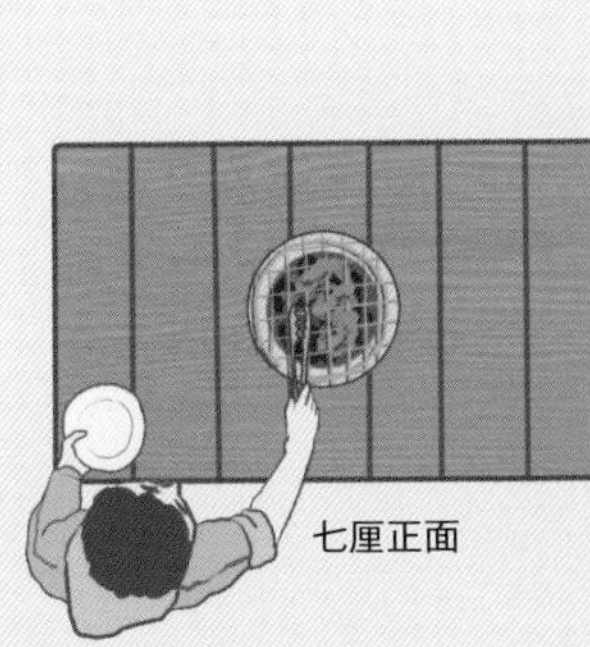

COLUMN

七厘の上座と下座？

次に「A」の位置ですが、こちらも焼き手に近い席なので、多少の手伝いができるとよいでしょう。「いい焼き色だ」とか、「美味しそうな香りが出てきた」などと感想を言うことで、場の雰囲気アップに貢献できる席でもあります。最後に「B」の位置ですが、ここは焼き手から遠く、美味しいものを楽しむことに集中できる幸せな席です。盛り上げ役に適した人が座るとよいかもしれません。

風が気になる場合は右の絵のように、右側が風上になるようにテーブルを配置しましょう。風が強くなってきたら、風上側の七厘に近い位置に風よけを置きます。風よけを置くと、置いた側からは網が見えにくくなります。また、風上をAB（またはCD）とした場合は煙が気になる人が出ます。従って、図のようなテーブル配置となります（火起こしの際は、通気口を風上に向けますが、火がついてからであれば問題ありません）。ソーシャルディスタンスを取るには、テーブルの隅に皿を置き、そこにそれぞれの手が届く範囲に広がるとよいでしょう。

さて、ここまで七厘を囲む席による楽しみ方などを紹介しましたが、焼き手の人は“七厘奉行”にならないように、最初に焼きたい人を募ってみましょう。焼きたい人がいない場合でも、焼肉を焼く時などは、それぞれに専用焼き箸を渡して好きに焼いてもらうというのも「おもてなし」です。**重要なのは、楽しむことです**。最高の状態が、より美味しくする可能性を秘めているかもしれません。

七厘と文化

SECTION 5

長い歴史を持つ七厘は、どのようにして造られ、どのように使われてきたのでしょうか。最後に、七厘の文化的な部分にスポットを当てたいと思います。

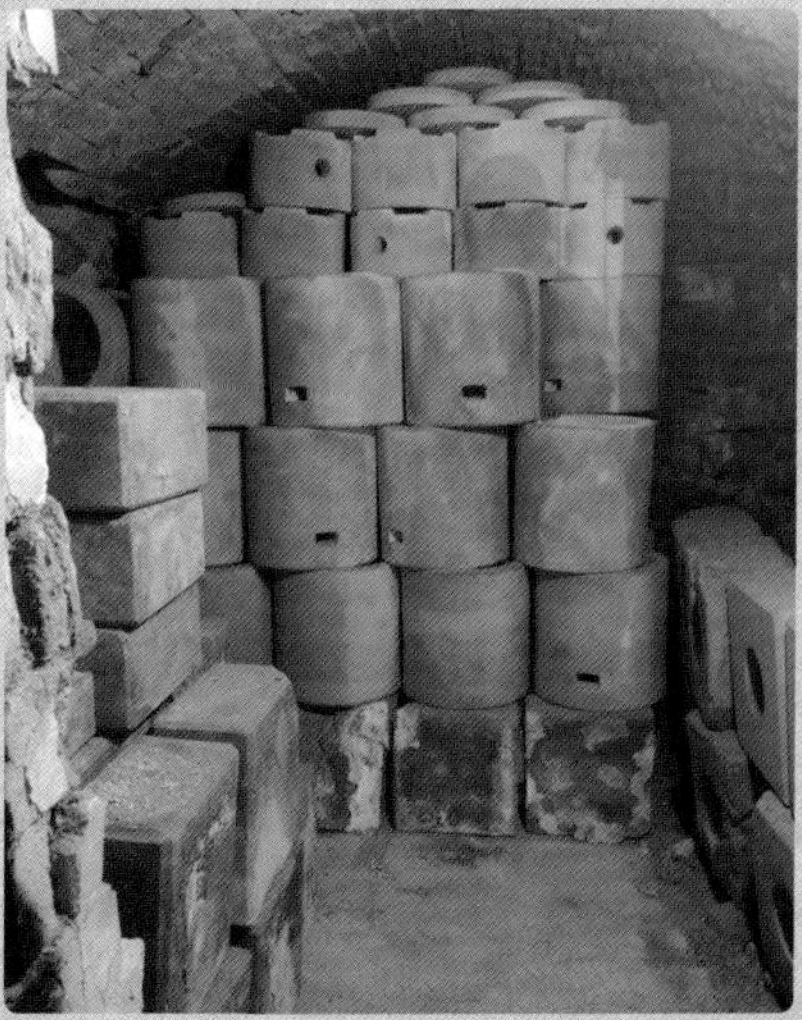

集合住宅で使うには

屋内でも屋外でも、さまざまな場所で楽しめる点も、七厘の魅力のひとつ。テラスやベランダで楽しめる方法もあります。

テラスやベランダで煙を出してしまうと、苦情が出たり、最悪の場合は非常ボタンを押されてしまい大騒ぎになる可能性があります。そのようなことにならないように、煙を出さずに七厘を楽しむ方法を紹介します。いきなり七厘を始めるより、最初はカセットコンロなどで食事を楽しみながら、ご近所さんや外の様子を感じておくのもよいと思います。

七厘の選択

ミニ七厘や民芸コンロなど、小さめのものを使いましょう。ミニ七厘は、熱を持ってテーブルなどを焦がす危険があるため、必ず付属の台などの上に置いて使いましょう。

炭の選択

まず、マングローブ炭は煙が出やすいため使わないようにし、小さめの炭やオガ炭を使うとよいでしょう。購入したオガ炭が長い場合は、炭を鋭利なものにぶつけ、割って使います（オガ炭は輪切りに、他は粉々になるかもしれません。粉々でも問題ありませんが、几帳面な人は金ノコや包丁の背などを使いましょう）。

○

×

火つけ

新聞紙や木材は、煙が出やすいので使わないようにしましょう。代わりに、写真のような固形燃料の上に炭を置いてから、火をつけます（固形燃料が燃え尽きてから食材を焼きます）。

食材

秋刀魚や鯖、バラ肉など、脂ののった食材を焼くと煙が多く出るため、あまりおすすめできません。脂ののっていない時期の魚や海老、肉系では赤身などを選択するのがよいでしょう。

煙の対処

煙が多く出てしまった時のために、うちわを手元に用意しておきましょう。あおいで煙を散らすことができます。

その他

それでも心配な人は、最初のうちは近所の人がテラスやベランダに出ない季節や時間帯に始めてみましょう。「あっ、またあそこの家、テラスでご飯食べているよ」などの声が聞こえるようになればグッド！　**周囲に認知された、一番よい状況ですね。**

七厘の故郷を訪ねて

取材協力：(有)丸和工業

私の使っている七厘の故郷は、石川県は能登半島の珠洲（すず）市。そこで創業45年目になる、丸和工業さんにお邪魔しました。現在の共同代表者である玉置（たまき）さんに色々とお話をうかがいました。創業者は脇田又次（つぐ）さん。七厘の図面作成もされていたそうで、今でもそれが形として存在し続けています。最盛期には30社もの七厘関係会社があったそうですが、現在では3社のみだそうです。丸和工業さんは、4名の技術者さんを含む7名で製造・販売を行っており、一日平均20個、年間では1万個近い数を出荷しています。年間の切り出し量は280トンを超えるようで、現在販売されている七厘の種類は約30種もあるとのことです。

七厘を造る大まかな工程を紹介すると、切り出し→成形→焼成→磨き塗装→鉄板補強→出荷となり、丸和工業さんでは全ての工程を手作業で行っています。従って、全工程で2週間ほどもかかるそうです。珪藻土の埋蔵量はどの

切り出した珪藻土を削り、成形して造られる切り出し七厘。製造工程の全てが繊細な手作業によって行われており、職人技によってのみ生み出される伝統工芸品だと言えるでしょう。

くらいあるのかお聞きしたところ、無尽蔵にあると言われているそうです。しかし、切り出した土から製品となるのは7割程度であり、焼いた後に割れてしまうものも多いようです。「切り出し」と聞くとすぐ頭に思い浮かぶのは、千葉の鋸山や栃木の大谷石などの石材で、それらは切り出した後に用途に合わせた大きさに揃えられます。一方で切り出し七厘は、植物性プランクトンが堆積した１５００万年ほど前の地層から土を切り出して削り加工後に焼くという、ダイナミックかつとても繊細な技法で造られます。

珪藻土を切り出すところから手作業で始まり、製品となる七厘。その製法は、「世界文化遺産に匹敵するレベルだ」と、思わずつぶやいてしまうほどの伝統工芸品だと思いました。貴重な切り出し七厘を、これからも大切に使い続けたいと思います。どうもありがとうございました。

七厘ができるまで

切り出し

成形

塗 装

焼 成

鉄板補強

磨 き

海外の七厘

インド

インドへの旅で出会った七厘。ベナレス(※)でボーッとガンガーを眺めていると、チャイ屋さんが小さな携帯コンロにやかんを載せて目の前を横切って行きました。七厘型の小さな焜炉で持ち運びに便利そうでした。また食堂では、コンクリートで固められた縦長の七厘風の焜炉が活躍。炭を置く位置には構造用の鉄筋が使用されており、縦長である分、ロケットストーブのように高火力が期待できそうです。同型の焜炉は、道端でお店を開いている女性も使っていました。

※ベナレス：ガンジス川沿いにあるインドの都市。バラナシとも

食堂で見た七厘風の焜炉。

タイ

昔よりも随分と減ってしまいましたが、タイのビーチでは観光客目当てに天秤棒の竹で編んだザルに焜炉をのせ、イカ焼きや焼きトウモロコシなどを販売しています。炭について聞いてみると、ヤシ殻の炭が使われているようです。細かな炭が詰まっており、注文が入ってからうちわであおぎ火力を上げていました。お店で使われているのは、かなり日本の七厘に近い形でした。

日本の七厘に近い形の、タイのお店で使われている焜炉。

インドネシア

インドネシアにはイカンバカール（焼き魚）専門店もあるほど、炭火焼料理が多くあります。多くの店では巨大なバーベキューコンロで焼いていますが、ワルン（小規模店舗）などでは、網に挟んで七厘でイカンバカールをしているところもあります。人気のサテ（焼き鳥）はずっと昔から、卓上コンロにのせたままテーブルに提供されるお店もあります。

ベトナム

ベトナムを訪れたのは2年前（２０１９年）。路地に入ると、「ＣＯＭ」と書かれた小さな看板を多く目にしました。日本語で「ご飯」の意味で、いわゆる定食屋さんです。並んだおかずを選び、皿に盛られたご飯にのせる「ぶっかけ飯」スタイルの小さなお店です。それらの中には、七厘で煮炊きをしている様子が見られるお店もありました。

インドネシアの路面店などで使われている七厘。
by Midori/Wikimedia Commons
(https://commons.wikimedia.org/wiki/File:Frying_kerak_telor.JPG?uselang=ja)

ベトナムのお店で使われている七厘。

SHOP紹介

増田屋

写真撮影用の炭の一部は、増田屋さんで購入しました。昭和10年創業、備長炭からＢＢＱ用、茶の湯炭、インテリア、炭生活雑貨、調湿炭、炭シートまで、あらゆる炭の卸・小売販売を行う炭の専門店です。東急池上線久が原駅から徒歩1分の場所にある「炭ギャラリー」では、最先端の炭商品や炭の生活雑貨アイテムなどが展示されています。

"普通の家に炭を入れるとどうなるのか"を具体的に示すため、居住用のアパートの一室を改築し造られた「炭ギャラリー」。

COLUMN

収納上手はお出かけ上手

家を出てから「あっ、あれ忘れた!」という経験は誰にでもあると思います。うちわを忘れても蓋や段ボールで対応できますが、網を忘れたら購入するしかありません。そのようなことを減らすため、収納方法を見直しておくと便利です。あらかじめ整理整頓しておくのではなくて、帰ってきた時に収納を変えるだけで簡単。災害時にも有効です。

- 七厘の上に網とうちわ、となりに火消し缶を収納。
- 炭と使い古しの割りばしと古新聞を一緒に湿気の無いところに保管。
- 箸と串と塩と胡椒とライターをアクリルケースなどに入れて一緒に保管。
その脇にプラスチック皿、コップ、ランタン、虫よけスプレーなどをひとまとめにして保管。
- 冷蔵庫には、スプレー（醤油など）一式などをひとつのケースにまとめておく。　など

昭和の思い出
①

あんころ餅

私は中学生まで、自然豊かな田舎町に住んでいました。田舎町とは言っても、そこは都心から100km圏内であり、車で1時間半程度の距離です。そのような地域であれば、「現在は様子が変わっているのではないか?」と思われるかもしれません。しかし、実際に住民は年々と減っており、当時に通っていた小学校はすでに廃校しているなど、今でも過疎化が進行しています。近年になってから、移住者や二拠点居住生活者なども少しずつ増えてきてはいますが、人口減少への歯止めになるには、まだまだな状況です。問題は人口減少だけでなく、空き家や田畑の放棄地もあちこちに沢山見られます。そのような地域なので、いま故郷を訪れても著しく風景が変わったようには見えません。変化を強く感じるのは、道路が増えたり河川などが広くきれいになったりした程度でしょうか。これらは、皮肉的な変化だと思わざるを得ません。

その田舎に住んでいた3~5歳の頃(3~5歳であることが確実なのは、幼稚園への入園後に引っ越し、4kmほど移動して周囲の環境が変わっているため)、今でもその時の記憶は映像のように鮮明に残っています。当時、周囲の家は茅葺屋根も多く、ふき替えの時期には積んだ茅の上でトランポリンのように遊んだものです。裏山に入ると炭小屋が何

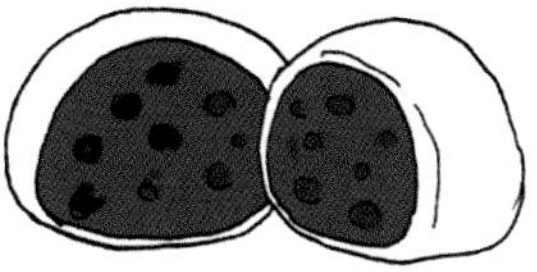

軒かあり、モクモク煙を立てていました。大抵の家の炊事場は、土間の竈では薪が焚かれ、木製の風呂も薪が使われるので、同時進行で火が熾きていた気がします。居間に入ると囲炉裏があり、炭で鉄瓶の湯が沸いています。囲炉裏がなくても、代わりに火鉢が置いてある家も多かったです。さまざまな個所から出る煙は、茅葺屋根の耐久性を高めつつ、外に自然に逃げていきます。そして炬燵の中をのぞくと、灰が入った木箱が置いてあり、その中央では炭や豆炭が赤く輝いています。就寝前にはその豆炭を行火（あんか）に移して、布団の足元の方に入れるのです。

　そのような火のある暮らし時代の年末、町内の母親の実家では人が集まり朝から大賑わいでした。竈ではもち米が蒸されています。土間には、その形を覚えていませんが機械的な餅つき機が置かれ、長い布のベルトがつながって屋外に伸びています。その先には耕運機のエンジンがあり、それが動力に使われていたのです。木臼もありましたが、正月用の餅はそれだけでは突き足りないようです。

　突き上がった餅は、かっぽう着姿の女性陣を中心に一斉に手際よく処理されます。からみ餅やきなこ餅など、色々と加工されていきます。その中でも思い出に残っているのが、「あんころ餅」。つぶが残っている甘く煮たあんこを、餅で丸く包んだものです。そのまま食べても美味しいですが、少し時間が経ったものを焼いて食べるのが一番。七厘で、茶色く焼き色がつくように焼かれます。時々プクーッと膨れて、中のあんこがはみ出ることも。「熱いよ」と言いながらも、冷ましてくれていた餅をいただきます。外側が冷めても中のあんこがまだ熱いので、びっくりしながらほおばるのです。寒い冬、火のある時代の温かい思い出です。

昭和の思い出
②

天然うなぎの蒲焼

小学校に入ってからは、父親が趣味で行く川狩りに、よく連れて行ってもらいました。川ではモクズガニやザリガニ、そしてうなぎなどを釣り、その日の食卓に彩を添えていました。モクズガニやザリガニは自分でも釣ることができましたが、うなぎだけは父親の腕がないと釣れませんでした。今考えても、海から10km以上もの上流で、よく釣れたものだと思います。その釣果は、多い日には1日に10匹以上釣れることがあったと記憶しています。先に書いたように、当時よりも人口が少ない自然豊かな今であっても、河川の改修などの影響も併せて天然のうなぎが釣れることはないでしょうし、今後も期待はできないでしょう。うなぎの捕り方については、当時のテレビや本を見た中では魚籠を仕掛けるのが一般的だと思っていました。しかし、父親のやっていた方法は、細い竹を切って竿にして、そこにテグス糸を張るというもの。餌は、その日に捕まえたアカイやミミズ。それらを用意して川の上流に向かい、浅瀬で岩陰などのうなぎの住処を探して、竿を突っ込むようにして釣っていたのです。

川狩りを終えて家に帰ってからは、釣ったうなぎを生きのよいまま、まな板にのせて頭に五寸釘を打ち込み出刃包丁で捌くのです。丸々と太った天然うなぎが10匹以上も釣れると、捌くのも大変です。その大量に捌

かれた身のほとんどは、大きめのアルマイトの鍋で煮ていました。その他の数匹分は、家の外で七厘を使って焼くのです。先に鍋で煮たタレをつけて焼くので、焼いたうなぎも旨いはずです。焼いた時の煙はモクモクと香ばしい香りをのせて、周囲に広がっていきます。でき上がったうなぎの蒲焼は、とても家族では食べきれない量なので親戚などに分けていたようでした。今でも、その時の父親のうなぎ釣り話を、親戚のおじさん達が思い出して懐かしく話したりします。

私は当初、その貴重な天然うなぎを、七厘で焼いた絶品な蒲焼を食べていませんでした。捌いているところから見ていて拒絶しているせいもありましたが、何匹も短時間に捌く父親が骨を丁寧に取り切っていないことも、食べない原因のひとつだったと思います。それでも、やっと小学校高学年になった頃からは少し食べるようになっていました。今考えると、とてももったいないことだったなと後悔しています。太って脂ののった釣りたての天然うなぎの蒲焼を、家でたらふく食べることができたのですから。その時に七厘を使って焼いていたのは、家の中でガスコンロを使用したら煙が家中に充満してしまうからです。ですので、うなぎ以外に魚の開きやイワシの丸干しなどの、煙が多く出る食材は外で七厘を使うのが日常の使い方でした。七厘を普通に家庭で使用していた時代、昭和の忘れられない懐かしい思い出のひとコマなのでした。

ここに登場させた父親は、昨年永眠しました。さまざまな病気を抱えていましたが、92歳まで長生きできた要素のひとつが、天然うなぎだったのかもしれません。

七厘関連用語集

行火（あんか）　熾き炭や豆炭を使用した暖房器具。

遠赤外線　電磁波の一種で、人間の目には見えない。電子レンジのように共鳴する物質を、振動により加熱する。食材の奥には届かないが、表面は遠赤外線によってよく焼ける。

オガ炭　オガライトを主原料として炭化した木炭。国内産もあるが、外国産が主流となっている。粘着剤などの、添加物が入ったものもあるので確認が必要。

オガライト　製材所などで発生する鋸屑（オガ屑）を圧縮加熱成形したもの。成形薪ともいう。穴が空いたチクワ状に仕上がる。

オガ備長炭　オガ炭の中でも、備長炭の製法（白炭）で作られたものを、オガ備長炭と表記している場合もある。

熾（熾き）炭　赤く起こった炭のことを言う。

置き炭（置炭）　匂い消し用に置いた炭、または茶道で炭を継ぎ足すことを指す。

竈（かまど）　土などで作られた煮炊き用の設備。

茅葺（かやぶき）屋根　植物の茅を束ねて屋根材に使用したもの。通気性が良く耐久性もあるので火のある生活に向いている。藁を使った藁葺屋根もあるが、茅よりも葺き替えサイクルが短くなる。

火力　炭の量と通気口の開閉によりコントロールする。七厘で火力を確認する場合の目安は次の通り。

強火…生の焼き鳥を網にのせてジュッと音が出る程度。

中火…生の焼き鳥を網にのせてもジュッと音が出ないが、少しずつ焼き色がついてくる程度。

弱火…生の焼き鳥を網にのせると熱くなるが、すぐには焼き色がつかない程度。

切り出し七厘　珪藻土を手ノミなどで立方体の形で切り出し、それを削り成形した後に焼成した七厘。

串　竹串のほかに金串もあるので、使い分けることができる。つくねは崩れやすいので、割り箸やアイスの木のスティックなどを「串」として使うこともできる。

燻製　低温、中温、高温それぞれで食材をいぶす製法。香りが出やすい木材チップなどを焼き、その燻煙により食材に香りをつけると同時に保存性を向上させられる。秋田県の郷土料理「いぶりがっこ」も燻製の一種だろう（いぶりがっこは大根の凍結防止が主目的だったようだ）。屋外では、金属製の燻製クッカーや段ボール製の簡易なものまであるが、七厘で代用できる。

珪藻土　植物性プランクトンの一種で、珪藻の殻が化石化して堆積したものを主成分とする堆積土を言う。産地は北海道や能登半島が有名。七厘のほか、吸湿特性から壁などの下地やマットなどにも利用されている。

消し炭　燃焼中の薪や炭を火消し壺などで消火させた炭のこと。着火しやすいので火種として有効。

黒炭　ナラやカシ、クヌギなどの木材を土窯で焼き、空気を遮断して自然冷却させた炭（岩手切炭ほか多数）。外国産は、使われている木の種類が多くその詳細は不明。その中でも安価な炭は、マングローブが使われている。マングローブは塩性湿地に生息する木の総称なので、煙と共に独特の香りが出る。

炬燵（こたつ）　昔の炬燵は電気ではなく炭火が使われた。

焜炉（こんろ）　七厘を含み、各種の燃料を熱源とする調理用の加熱器全般を指す。

ジンギスカンバケツ　ジンギスカン発祥の地と言われる岩手で生まれた、亜鉛メッキのバケツに穴を空けただけの七厘の代役にもなる簡易焜炉。

炭小屋　昔は炭作り専門の施設以外に、個人でも炭作りをしていた。

炭火　有機物を蒸し焼きして炭化（主に炭素）した木炭、竹炭、ヤシ殻炭などを再燃焼することで起こした火。遠赤外線によって、食材の表面をパリッと焼き上げることができる。炭火の上に直に肉を置いて焼いたり、食材を近づけて落ちた油で舞った微細な炭をまとわせたりする焼き方もある。炭バサミで熾き炭をつかんだまま、デザートやケーキなどに押し当てて焼き色をつける使い方もある。もちろん、暖房などにも利用できる。

成形炭　成形して作られた炭全般を言う。オガ屑やヤシ殻のほか、くず炭（粉を含む）や石炭なども使われている。粘着剤や結着材、着火剤などを使用して固めたものもある。添加物が加わった炭は、特有な香りが出ることもあるので網焼きなどには不向き。

炭団（たどん）　炭の粉を結着材と混ぜてダンゴ状にした燃

料。現代では目にすることが少なくなったが、香道に使われる炭団もある。七厘で使う場合は、網焼き以外がよい。

通気口　通気孔、通風口、通風孔、空気穴、送風口とも呼ばれ、ここの開閉により火力のコントロールを行う。七厘の火力調整には炭の量のほか、通風量のコントロールが重要。強過ぎたら閉める。強くしたければ開ける。足りなければうちわであおぐ。早く強火にしたければ、送風機を当てるなどの使い方もできる。通気口の扉にまで、珪藻土を使用している七厘もある。

テボ（てぼ）　うどんやそば、ラーメンを茹でる際の器として使用したり、湯切り専用で使用したりする調理道具。目の粗さによって、うどん用などと用途が異なる。七厘で使っているのは、今のところ私くらいか？

遠火の強火　食材を焼くには、「遠火の強火」がよいと昔から言われている。逆に弱火では火が近いと、焼きムラになったり炎で焦がしたりしてしまう。そこで安定した焼き具合を保つため、遠火の強火が得策となる。火を遠ざけるためには強火の必要があり、力のある炭火を七厘を用いて使用することにより、「遠火の強火」が実現する。遠火専用で深さのある七厘もあるほどです。

練り七厘　珪藻土を掘り出して円形などの形に練り、成形してから焼成した七厘。一般的でリーズナブルな七厘。

白炭　カシやナラなどの木材を土窯で焼き、取り出して灰などをかけて一気に消し、冷却させた炭。灰により白く化粧された様子から、「白炭」と呼ばれる。火はつきにくく、爆ぜやすい。備長炭やナラ白炭など。

爆（は）ぜる　割れてはじける、割れて飛び散ること。

火香（ひが）　生醤油に火入れをする時につく香のことを言うようだが、生醤油でなくとも七厘焼きをする時には同様な香ばしい香りを楽しめる。これのおかげで、食欲を倍増させられますね。

火消し壺　炭壺ともいう。残った炭の火を消して保存する容器。鋳鉄製の本格的な壺から切り出しタイプ（火種焜炉との併用品もある）やステンレス、アルミ製の簡易なものまである。固形燃料が入っていた缶などの密閉性の高い空き缶を代用しても充分（空き缶の代用品は冷えるまで動かせないのが難点）。

火種焜炉（七厘）　主に業務用で使われることが多く、起こ

七厘関連用語集

した炭のストックなどに使われる。火消し壺にも使用する。

蓋　七厘には蓋が付属しているタイプもある。火消し時に使うほか、スペーサーなどで七厘との隙間を空けて蒸し焼きや燻製などにも使用できる。

備長炭　ウバメガシを代表としてカシ全般を使用した炭。紀州や土佐が産地として有名。火はつきにくいが、長持ちする。爆ぜやすい。製法（白炭）だけをとって備長炭と表記したものもある。

豆炭　練炭と同様な材料で角を落とした、四角い豆状の固形燃料。行火や炬燵に使用されていた。現在は火鉢や焜炉などで使用される。七厘で使う場合は網焼き以外がよい。

メイラード反応　糖とアミノ酸などが過熱に反応して、メライジンという物質が作られ褐色となる様（難しいことは省略しますが、これによって食欲が増すことが重要な要素であると思います）。

目皿　「火皿」や「さな」とも言い、燃焼している炭と焼失した灰とを分断する境目にある穴の空いた皿状の部分を言う。七厘と一体成形と脱着可能タイプで分かれる。脱着タイプは割れてしまうこともあるが、ホームセンターなどで単体でも手に入る。ミニ七厘の目皿の交換品は見当たらないので通常の目皿を割って使うか、サイズに合った排水溝用の金属の蓋を代用品とできる（ミリ単位で選べる）。

焼き網　鉄製とステンレス製が主流。5mm程度の太さのステンレス鋼が縦に並ぶものや、板状の平鉄鋼が縦に並ぶ焼肉店にあるようなグリルを使うことも可能。焼き網の高さを調整できるアタッチメントも販売されている。

焼き塩　煎った食塩。湿気てしまった塩を、フライパンで使いやすいように再生してもよい。

練炭　主に石炭やコークスの粉が使われていて、木炭の粉も使われることがある。地盤改良の材料としても使用されるベントナイト（粘土）を粉に混ぜて、多数の穴が空いた円筒状に固めた燃料。大きさと形状から、一般的な七厘には向かない。

ロケットストーブ　あえて通気口の出入り口を狭くしたり、その間を長くしたりすることにより、上昇気流の速度を増幅して生かした燃焼系の熱源器具。空き缶などを利用して手作りもされている。

著者プロフィール

坂口 一真

Kazuma Sakaguchi

キャンプ歴約40年、七厘を愛して30年近くになる七厘愛好家。
趣味でウインドサーフィンをしていた頃、風待ちの時間をつぶすために七厘を使って以来、七厘の虜に。

[経歴]

- 早期退職後、「おやじCAFE」にダンサーとして参加しTVKニュースや有線TVに出演。後に「出舞一丁」という名のおやじダンサーチームを結成。初期メンバーとして振り付けなども担当し、後に脱退。
- 近年では災害支援を柱に、各種ボランティア活動に参加。子供を対象にした縄文時代の火起こし指導なども行っている。
- 著書に、「1億円貯まったので、会社を辞めました。」（自由国民社）がある。出版後、ゴールデンタイムの地上波放送番組などに出演。

（左上・左）友人手作りの小屋。仲間と七厘を囲む憩いの空間でもあります。
（右上）七厘を愛する気持ちから生まれた、オリジナルの「七厘」Tシャツ！

おわりに

七厘に特化した本を見たことがなかったもので、企画して本を書いてしまいました。内容については30年ほど使い続けた経験値が中心となっています。なるべく簡単な方法で説明することを基本に、できるだけシンプルにまとめて、使う人の工夫や楽しみを奪わないよう配慮したつもりです。従って、「もっとよい方法がある」とか、「こうしたらより旨くできる」など、使う人の数以上のアイデアが出ることでしょう。まさにそれが、七厘の世界に足を踏み入れた、またはどっぷりと浸かっている状況かと思います。そこに多様性や可能性を秘めた、楽しさの広がりがあることも期待したいところです。是非この本を踏み台にして、夢のある楽しい七厘ライフを送っていただけたら幸いです。出かけられない時にも読んでワクワクし、七厘の本だけに心だけでも温まってもらえたらうれしい限りです。

今、七厘は家で日常的に使う道具ではありませんが、アウトドア活動や庭で食事する時などには、ぜひ活躍させてほしい便利なアイテムだと思っています。今後、世の中がさらに著しく変化し、日常的に使用する道具も進化し続けたとしても、日本の重要な文化のひとつでもある伝統ある七厘を、使い続けることで後世に残していきたいものです。七厘はとても効率がよく、最後に金属はリサイクル、本体は土に還るエコな焜炉です。使う度によさを体感すると共に自然環境の大切さを再認識することも、重要だと思います。日常の生活においても、さまざまなことへの便利さの追求を考えがちですが、これからは**自然を優先したものの選択や行動を心掛けていきたいものです**。何と言っても、奇跡的な素晴らしい環境が整っている、恵まれたこの地球で生きられているのですから。

STAFF

PUBLISHER
高橋清子　Kiyoko Takahashi

EDITOR
西下聡一郎　Soichiro Nishishita

DESIGNER
小島進也　Shinya Kojima

AUTHOR
坂口一真　Kazuma Sakaguchi

PHOTOGRAPHER
小峰秀世　Hideyo Komine

ILLUSTRATOR
いとうみちろう　Michiro Ito

レシピ&調理
坂口一真

撮影・取材協力
高橋CAMP VILLAGE、富津市（富津公園キャンプ場）／
有限会社丸和工業、株式会社ラムス

企画協力
小島和子（NPO法人企画のたまご屋さん）

写真・イラスト
坂口一真、写真AC／イラストAC、PIXTA

Printing
中央精版印刷株式会社

PLANNING,EDITORIAL & PUBLISHING
（株）スタジオ タック クリエイティブ

〒151-0051 東京都渋谷区千駄ヶ谷3-23-10 若松ビル2階
STUDIO TAC CREATIVE CO.,LTD.
2F,3-23-10, SENDAGAYA SHIBUYA-KU,TOKYO
151-0051 JAPAN
[企画・編集・広告進行]
Telephone 03-5474-6200　Facsimile 03-5474-6202
[販売・営業]
Telephone & Facsimile 03-5474-6213
URL https://www.studio-tac.jp
E-mail stc@fd5.so-net.ne.jp

2110A

感動するほど楽しい！

七厘の本

THE BOOK OF SHICHIRIN

2021年10月10日

注意

- この本は2021年9月10日までの情報で編集されています。そのため、本書で掲載している商品やサービスの名称、価格などは予告無く変更される可能性がありますので、充分にご注意ください。写真や内容が、一部実物と異なる場合があります。
- 閉め切った室内で七厘を使用したり、使い終えた七厘を炭が残った状態で室内やテント内に入れたりすると、一酸化炭素中毒の危険があるので絶対におやめください。その他、火の取り扱いを誤ると火傷や火事につながり大変危険です。食材を焼いた後のゴミや燃えカスなどは、七厘を使用する場所のルールに従って、適切に処理してください。

STUDIO TAC CREATIVE
㈱スタジオ タック クリエイティブ

ISBN 978-4-88393-896-4